ジャーナリズムと報道における残心

不治のがん（身体）も、完治せぬ依存症（精神）も、

脳内で相対化できる!

達人が斬った!!

時事問題集

前田益尚

晃洋書房

挑発してこそ、進歩

2013年、ニュースで話題の「ほめる達人」検定1級を1回で取得したメディア研究者としての著者が、テレビこそメディア史の臨界点だと称賛する要点の一つは、内容の是非以前に、受像器の前に楽な格好で座っていれば、自然と必要な情報が脳内に流れ込んでくれる様式です。

テレビよりどこでも見られる書物が、テレビ同様に見やすく構成できれば、メディア論者の著者には理想でした。よって、脚注付きで、多くの読み手を迷路に陥れるのが学術本の定式だとする様な優等生にはなりたくありません。いっぱいいらっしゃいますから。著者の注釈は、その場で続きに記すので終始、夜店のテキ屋の様なわかりやすい種明かしです。今時、新しいでしょう。

しかし、本当に大義のある研究業績なら、読みやすくあってこそ、知識階級の独占ではなく、啓蒙の裾野を広げて、社会貢献を果たせるのではないかと考えているのです。

活字離れ、テレビ離れが定説と化していた2023年頃。最も好奇心をくすぐるニュースの台本は、ユーチューバーにあらず、『週刊文春』の記者が書いているケースもありました。主に音と画で共鳴するサルとは違い、人間は主に言語で思考された情報に共感する証拠の一つでしょう。だから短絡的に、本書も出版する意義があると考えたのです。

次代を担う学生たちは是非、テレビや新聞、ネットのニュースを見て、時事問題を考える時に参照し、著者を超える批評を出して下さい。それが武道における残心ならぬ、報道における残心の極みだと著者は心底期待しているのです。少子化が避けられないのであれば、少数精鋭化する事でしか、この国は生き残れません。

ジャーナリズムと報道

著者は1980年代の学部受験、放送学科の面接試験において、面接官からジャーナリズム（という概念）には、単なる事実を伝える報道とは違い、イデオロギーがあると諭《さと》されました。しかしその時から違和感を覚えていた著者は、他大学の社会学部に進んで、メディア研究者で臨床社会学者となった暁に、イズムと道は同様に思想があると捉えています。もちろん言葉の成り立ちとして、報道とは、情報が通過する経路としての道だったのでしょう。但し現在、社会的な責任や倫理観も問われるのが報道です。たとえ理論的に無理だと指摘されても諦めずに、報道に携わる方々は教えを示す道理が如くの道を追究して下さい。そして、日本の「報道」という道にこそ、「武道」と同様、経験的な価値観に裏打ちされた確かな思想があるべきだと著者は考えているのでした（あらゆる言葉には解釈の自由があるはずです。だから、文学部は永遠に不滅なのです）。

例えば、剣道家の多くが、剣道をオリンピック競技にすることを良しとしない理由は、礼節中心主義の武道は、有効打でも残心まで審判される心技体の美学であると捉えるからでしょう。つまり武道は、勝利中心主義で杓子定規なビデオ判定なども取り入れられるスポーツに合わせることなどできないとも考えられるのです。多元的であるべき世界の中で、日本の報道も全てにおいて、欧米のジャーナリズムと価値観やイデオロギーを同じくする必要はないと著者は考えるのでした。

すると報道を生業《なりわい》とする者は、茶道家、華道家、柔道家、剣道家、武道家、写真家などと同列に捉えられるでしょう。著者は、欧米の揺れ動くイデオロギーに翻弄されているジャーナリストなどよりも、日本の報道家こそが、道を極められる奥行きを秘めていると期待しているのです。例えば、テロリストのやり甲斐を削ぐために、テロ報道は敢えて無くして、テロの連鎖を断つ方法論（拙著『マス・コミュニケーション単純化の論理』pp.75–84.「テロをなくすための編集」、「ゼロという編集権（ブラックアウト）」、「処方箋としての解決報道」参照）など、意図してあえて伝えない編集権の駆使は報道に限らず、茶道や華道においても、間という静寂、無音を共有する作法と通じているのではないでしょうか。きっと日本の世間でも、ジャーナリストより報道家と称してくれた方が、正しい事実に裏打ちされた真実の伝え手だという印象を持たれるはずです。

結果、少なくとも著者が時事問題を捉える大局観においては、ジャーナリズムと報道を差別する事なく、同様に意義のある存在論として考えて参ります。

そして、著者が考えたジャーナリズムおよび報道における〝残心〟とは、時事問題の始末をつける事なのでした。武道における〝残心〟とは、対決が終わっても、矛を収めるまでは気を緩めない姿勢を指します。よって著者は、時事問題の対応（授業で解説）が一段落しても、解決策をまとめるまでは思考の回路を切りません。また報道の地平に〝残心〟を担うのも、とことん研究機関である大学の志向倫理（aspirational ethics）に適った役割だと考えているのです。

キャンサーパンクの〝はじめに〟

――がんと依存症の永劫回帰（Ewig Wiederkehren）――

以下はすべて、日本のマス・メディアが真摯に報道して来なかった現実です。

これから、お酒を飲める歳になる学生たちには、まずアルコールを摂取するリスクから簡単に説明します。理解しやすく単純化した図の通り、アルコールを飲むと分解酵素①が働いて、アセトアルデヒドという有害物質に分解します。この分解酵素①を先天的に持っていない人は、一滴もお酒を飲めません。次の段階は、毒素であるアセトアルデヒドに別の分解酵素②が働いて、排泄されるのが、普通に飲める人です。

しかし、お酒を飲むと赤くなったり、気分が悪くなって、あまり飲めない人は、分解酵素②が足りず、有害物質のアセトアルデヒドが残っている証拠です。そして、排泄されずに残った毒素のアセトアルデヒドが、発がんリスクを高めるのです。よって飲むと赤くなったり、気分が悪くなる人が無理して飲み続けると、発がん性の高いアセトアルデヒドが溜まりまくるのでした。

あまり飲めないのに、少量ずつでも連続飲食してアルコール依存症になった著者がその典型で、挙げ句の果てに2回も重度のがんになったのです。但し日本では、がんの専門医も、そんなメカニズムをなかなか説明してくれません。また、普通に飲める人でも、完全にアセトアルデヒドが排泄されるわけではありませんから、飲酒は、多かれ少なかれ発がんリスクを高めるのでした。お酒が飲める歳

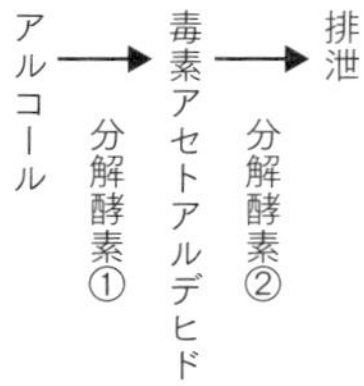

★赤くなる。気持ち悪くなる。など、あまり飲めない人は、
酵素②が足りない身体。無理に飲み続けると！

毒素：アセトアルデヒドは、溜まり放題！
発がんリスクが高まる！！

後発する分解酵素もあるが、無理筋でハイリスク。

図　がんとアルコールの関係性

出所）著者作成。

に差し掛かる大学においては、1年次の教養科目で教えるべき真実です（闘病三部作！拙著『楽天的闘病論』、『脱アルコールの哲学』、『2度のがんにも！不死身の人文学』参照）。

著者は回復しているが完治しない病、アルコール依存症と同様に、2度目で完治できないがんを抱えています。そして京大病院に入院して、重度の頭頸部がん（以降、強調したい患部に応じて、口腔がん、歯肉がんとも表記）に対して強力な抗がん治療と免疫療法を受けている最中、2023年5月1日、検査の前に倒れました。この時は、4回に及ぶ化学療法のダメージでしょうか。

検査前の問診で意識が遠のき、心臓に痛みが走ったのです。意識は朦朧としていたため経緯はわかりませんが、耳元で医師から「〝心筋梗塞〟です。」と告げられたのは覚えています。心筋梗塞は、日本においてがんに次ぐ死亡原因だと言われています。

さらに、「命に関わるので、すぐに心臓カテーテルの手術をします。」とも言われました。そして緊急手術の為か、麻酔なしで、手首に穴を開けてファイバーを通され施術されたのです。痛かったけれども、数多の闘病と治療の経験値からか即座に、仕方がないと脳が判断してくれたため、難なく乗り越えられました。本当は、麻酔など必要のない手術だったのかもしれません。しかし、何も知らされていない著者が、心臓の手術という恐怖を脳内だけで制御できたのは事実です。著者は予《かね》てから、痛みなど脳が決める事なので、脳さえ鍛えれば、多少の痛みは克服できると強弁を張って参りました。例えば昭和の予防接種で、痛いと泣く小学生と平気な小学生が混在するのは、注射針に違いがあるのではありません。痛みを判断する児童の脳に感受性の違いがあるとしか考えられないでしょう。

今回、麻酔なしの緊急手術も、命に関わる手術なのだから、痛くても生き残るためには必要不可欠だと脳が判断してくれたために、本当に難なくクリアできたのです。著者は、小学生の頃、予防接種の痛みが恐怖で、泣きはしませんでしたが、接種の1週間前から、うつ状態になるほどメンタルが弱い人間でした。痛みに対しては、人一番小心者だった著者が、どこで心底、痛みを克服できるようになったのでしょうか。闘病と治療の場数です。就活において、最善の面接対策は、場数を踏むことであるのと同様です。

さらに臨床社会学者の著者は、アルコール依存症からの回復で断酒10年を超える経験則が脳に沁みついているのだと考えています。

つまり、命に関わるから、お酒を止めなさいと何度、内科医に言われても、決して止められなかった脳の神経回路が、ここ10年以上は、命に関わるから酒を止める決定を下し続けているのです。著者の脳内には、もはや命に関わる事なら、治療を最優先にして、酒も痛みも二の次にできる回路が構築されているのではないでしょうか。

ならばこの先、自身が抱える完治できないがんの病巣がいかに暴れようと、生きるためならどんなに苦痛を伴う治療でも、脳が耐えられると判断して平気だとの決定を下し続けてくれると信じています。すべては、完治しないアルコール依存症から回復の過程で、生きるためには酒を飲まないと最終決定してくれて、10年以上も揺るがなかった自身の脳のおかげです。

いつ死ぬの？
まだでしょう！

本書も、生きている証しです。

本書は、ニュース解説の部分でもエッセイ集の体裁を取っていますが、雑誌などマス・メディアの連載をまとめ直したものではありません。

全編、門外不出の膨大な授業ノートに綴っていた書き下ろしです。それは、著者が連載を否定しているのではありません。著者には、週単位や月単位の締め切りで、常に一定量を執筆する活動が向いていないだけなのです。自身、毎週、毎月では、品質を保証できる斬新な評論など書けません。自身を、行き当たりばったりのパンク（型破り）な表現者だと自覚しているのでした。もちろん、実はADHD（注意欠如・多動性障がい）という気質のなせる業でしたが。それを無理にでも週1本、月1本、定期的な時事評論を書き続けていれば、どこかの時点で、その週その月は、字数だけを埋めた原稿で自身が満足できない許せない内容になってしまい、精神にも破綻が生じかねません。許せない著者は、それを読み返しては、自暴自棄になって行くかもしれないでしょう。結果、憂さ晴らしに再飲酒して、アルコール依存症に舞い戻る事を、最も恐れているのです。そして、酒を飲み続けていたら気が大きくなって、死ぬまでどんな内容でも不用意に発しては連載も可能になるでしょうから、空恐ろしいのでした。だから、飲みませんし、連載も致しません。

但し、自らを臨床社会学者と称している以上、社会問題が勃発すれば、処方箋を切らなければ、看板に偽りありです。そこで著者が辿り着いた〝流儀〟はこうなりました。毎週、学生たちからの問題提起に対して、用意した授業ノートを基に口頭で答える形で、時事問題への解決策を例示しています。口頭の授業であれば、飲まずにできるよう、アルコール依存症からの回復途上に、自助グループ回りなどでリハビリができていました（拙著『脱アルコールの哲学』特に、巻末の自助グループ出席表参照）。但し、口頭授業の内容は、すべてが正解になるとは限りませんし、半期15回の授業期間中では、同じ問題に新たな処方箋を切る（解決策を提示し直す）ケースも多々あります。それぞれ、授業ノートをつけて記録してありました。

しかしそれも、いつがんが再発して死ぬかわからないので、記録は次世代に遺すべきでしょう。そこで単著を出版するのは、大学暦のサイクルと同様に年単位でと決めたのでした。もちろん未解決の社会問題には、唯一無二の正解などありません。世界中のコロナ対応を見渡しただけでも、唯一無比の解決策が無かった事は明白です。正解は、後に歴史が決めてくれるのでしょう。でも本書の成り立ちは、我が人生は間違っていないという進歩史観からです。よって著者も、授業というライフワークの〝残心〟に当たる定年退職まで生き残れば後は、邦訳もベストセラー『サピエンス全史：文明の構造と人類の幸福』（河出書房新社、2016年）の著者、歴史学者ユヴァル・ノア・ハラリの様に大所高所から、史眼で時代の社会問題を振り返りたいです。その時が来たら、起点にまずは、生きて来た時代だけでも検証できれば本望です。現在、著者は近畿大学文芸学部で、文化・歴史学科の教授ですから。

難病と対峙して来た経緯ですが、詳しくは、2度目で不治と言われる重度の頭頚部がんと、同様に完治しない病と言われるアルコール依存症を制御した二重のライフストーリーを、拙著『2度のがんにも！不死身の人文学』と『脱アルコールの哲学』でご高覧頂きたいです。著者がナルシストであるだけではなく、必要とされる方々には存在意義のあるほど良いアジテーターだと、ご理解頂けると思います。本書の副題で自身を、達人と謳ったのは、そうでも考えないと乗り越えられない高いハードルの病魔を超え続けなければならない運命だからでした。まさにがんにも負けず、型破りな言論活動を展開するキャンサーパンク（Cancer Punk）です。元々自身の細胞であった！がんを逆手に取って、生きがいを見出す思想家として、著者が勝手にラベリングしたキャンサーパンクとは、社会を変革させる手段として暗号技術を駆使する活動家を指したサイファーパンク（cypherpunk）から、自身を意義のある存在だと鼓舞するためにも重要な命名のヒントを得ました。そして本来、憎き相手であるはずのがんと共生を図る発想に到れたのは、著者が２０１３年に「ほめる達人」検定1級を取得できたメンタリティのなせる技でしょう。

２００7年の最初のがんから18年ですが、アルコール依存症の口火を切ったのは、更にその前、著者が20歳の１９８４年から40年以上になりました。その間、窒息して心肺停止になるなど幾多の死に目に会いながらも、その都度社会復帰を繰り返し、教壇に立てる状態で生き残っているのは、永劫回帰に倣《なら》う人生だったとこれまた勝手に振り返っています。たとえ論理矛盾があったとしても、そう信じられたなら、死なないはずだからです。

目　次

挑発してこそ、進歩
ジャーナリズムと報道
キャンサーパンクの〝はじめに〟――がんと依存症の永劫回帰（Ewig Wiederkehren）――

I

大学におけるジャーナリズムと報道の大義……1

余談という残心：高大連携のあるべき姿　(9)

II

時事問題の解決論集……11

異文化コミュニケーションをめぐる覚書　(13)
板書の凡例　(17)
前著『起死回生の政治経済学』の補完　(37)

III
残心の教え……115
キャンサーパンクの〝おわりに〟――強がりの自己成就（Nudge）――（121）

附論
フェイクを超克する空間の情報学……127
――問題の情報が散在する地図から読める「内容」は、「空気」か、「思想」か――
「内容」中心主義への招待（128）
I．散在する問題の情報を〝整理〟する（142）
II．情報の「内容」だけを〝検討〟する（148）
III．情報学が対象とすべき行方、そして〝ポスト情報学〟（158）

附論の附録（168）
あとがき（171）
参考文献・参考番組・参考映画・参考動画

I

大学におけるジャーナリズムと報道の大義

武道の勝ち方に正解がないのと同様、報道にも唯一無二の解決策などありません。そして武道にも多様な勝ち方があるのと同様に、報道でも多様な解決策で締め括れるのが理想です。

しかし現実には、ジャーナリズムの一翼を担う新聞、テレビ、そしてネットに至っては、速報性が極まるのと引き換えに、問題の検証や解決策をそこそこにしてでも、次のトピックスに的を移さなければ、衆目から置いて行かれるでしょう。時間と予算の制約は、ジャーナリズムと報道の宿命です。もちろん、ロッキード事件やリクルート事件など、問題を追い切って社会正義を果たしたメディアもたくさんありました。ところが殆どの案件は、物理的な制約から追い切れず、報道しっ放しの時事問題の方が枚挙に暇もないでしょう。ジャーナリズムの運命です。

対して、研究機関でもある大学では、時事問題でも永遠に取り沙汰できるはずです。一度取り上げたら終わりではないでしょう。文学研究において、シェイクスピアや夏目漱石の解釈に終わりがないのと同様の志向です。だからこそ、必ずしも正解とはならなくとも、解決策の選択肢を挙げなければ、大義を果たしとは言えません。つまり、どんな時事問題でも一旦は始末をつけるステージが、大学で行うべき〝ジャーナリズムと報道における残心〟の授業だと著者は考えているのです。

1980年代の日本。まだ文系の大学に、「メディア論」という科目がほとんど見かけられなかった時代。欧米の大学では、文系でもメディア・スタディーズが当たり前の世界を見渡し、遅かれ早かれ日本の大学でも文系学部、特に社会学部では「メディア論」に則した科目が多数開設されるであろうと著者は予見しておりました。しかし、その時が来て、教員の人材に、現場のジャーナリストばかりが登用されるのでは、研究機関として偏り過ぎではないかとも危惧していました。だからこそ自身が、ジャーナリストよりさらに客観的になれるメディアの研究者街道を邁進しようと心に決めた著者の熱き20代を思い出します。

〝残心〟とは、武道では対決が終わっても、思わぬ反撃に対応できる心構えを指し、報道でも、思わぬ（ニュースの）再燃にも対応できる批評精神だと意味づけできるでしょう。

そして、洗練された〝残心〟とは、武道で打破の後も、剣道なら刀を鞘に収めるまでは戦う姿勢を貫く（対決の後も気を抜かない）心得を言います。

１９６４年、著者が生まれた年に開催された東京オリンピック。柔道無差別級の決勝戦。日本の神永昭夫選手に左袈裟固めで一本勝ちしたオランダのアントン・ヘーシンク選手は、勝利の瞬間、喜び勇んで畳に駆け上がろうとするオランダ人応援団を毅然と制しました。試合が完全に終結するまでは〝残心〟という認識が、「国際」的にも通用した有名なエピソードです。

時事問題の報道に関しても、大学では、解説の後も独自の解決策を出せるまでは批評の姿勢を貫く（批判を終えた後でも気を抜かない）〝残心〟を堅持したいものです。つまり、報道における残心とは、時事問題の始末をつける事。ジャーナリズムの現場では難しい場合、大学で少しでも補完できれば、産学連携にもなるでしょう。

最高学府の大学で行われるべきジャーナリズム教育とは、ジャーナリストを養成する専門学校と同様の授業ではないはずです。在野のジャーナリズムが追いきれない部分を理論的に検討し続けて、独自の解決策に収める、まさに〝残心〟の教えが大学におけるジャーナリズム（報道）教育だと言えるのではないでしょうか。

著者は長年、メディア関連の授業で、毎回同じ課題を出して参りました。それは「（1）現在、気になる未解決の時事問題と、（2）当該の問題に対する独自の解決策」です。結果、次世代の脳内に問題発見と問題解決の回路を構築させて、果ては依存症になるくらいまで涵養したいと考えて来たからです。もちろん、依存症と言っても、著者が陥った病気としての不健全なアルコホリック（アルコール依存症）と同様ではありません。授業では、脳に直接作用する化学物質は使っていませんから、あくまで健全性を担保したワーカホリック（仕事依存症）に近い状態までで止まるはずと見込んでの課題設定です（拙著『パンク社会学』pp.172–174.参照）。

少量ずつでも、絶え間なく連続飲酒していると、人間の脳内にはアルコール依存症の回路が出来上がるケースもあります。著者の場合が、そうでした。よって簡単でも、授業毎に時事問題の解決策をミニレポートとして書かせ続けていると、学生たちの脳内には問題解決の（依存症の様な）回路が構築できると期待しているのです。また、ジャーナリズムとは、日々の積み重ねであり、依存症の気質とも重なるのでした。

とは言っても、多くが必ず正解のある受験を経由したばかりの学生たちです。正解だと確信が持てなければ解決策を提出してくれません。よって、現代の時事問題に唯一無二の正解などなく、できるだけ多くの解決策を出し合うことが、最善の策に結びつくことから説明しなければなりません。そして受講生に心理的安全性（psycological safty）を保証するため、何よりも、指導教授自身が、必ずしも正解でなくとも（オッカムの剃刀※が如く）キレッキレの斬新な解決策を例示し続けることが必要なのです。それもなるべく荒唐無稽な解決策を見せなければ、安心して自由な発想をしてくれません。そうして漸《ようや》く、正解がある問題しか知らない多くの受験世代から、新しい解決策を導き出せるのでした。

Life Is Simple.

近畿大学は、研究がスタートした当初、世界中から荒唐無稽だと評された太平洋をぐるぐる回るマグロを生簀で完全養殖する方法論を30年掛けて成功させた研究機関です。その学風はどの教室でも受け継がれるべきでしょう。

そして最終目標は、著者の授業を履修していて毎回、時事問題の解決策をレポート作成していた結果、学生たちがいつの間にかテレビやネットで新しいニュースに触れる度に、まずは解決策を考えてしまうといった症状を来《きた》すことでした。

毎回とはいえ、そんな簡単な自由課題ばかりで問題解決の回路が脳内に構築できるのかと信じがたいかもしれません。しかし、依存症になるかどうかは依存対象の重みで決まるものではありません。元々、アルコールに弱く、少量しか飲めなかった著者が、少量ずつでも連続飲酒していた結果、重度のアルコール依存症になりました。学生たちには健全な依存対象としてのニュースで、その轍を踏んでもらうのが、時事問題を扱う著者の授業が目指す地平なのでした。

そして、健全であるどころか、唯一無二の正解でなくとも必ず解決策まで出す〝ジャーナリズムと報道における残心〟が、就職活動でも役に立つでしょう。採用側から見れば、時事問題に疎くないどころか、常に正解でなくとも解決策を言える人材ならば高く評価されるはずです。就職活動は、大学受験と違い、模範解答を書いて合格点を取れば、全員が就職できるシステムではありません。採用側は、代替可能な模範解答を書く人物より、唯一無比な答えを出してくれる人材を求めているのです。さらに、提示した解決策が唯一無二の先鋭的な内容であればあるほど、評価してくれる相性の良い職場を絞れるでしょう。日本の企業・事業所等は８８０万以上あります。その中から、自分にとって働きやすい職場を見つけるなど、新卒の学生たちには至難の技。ここは、遠慮なく自身しか考えられない奇策を提言しても、認めてくれる奇特な面接官がいる会社で一緒に働きましょう。（注：１９９９年1月、近畿大学文芸学部の採用面接で、著者が後藤明生学部長とラポールを紡げたと信じている運命なども該当）つまり逆に、10社から認められる模範解答を言って、10社とも内定が出たら、どこが自分と相性の良い職場か分からず、選択を誤る確率が高くなるのでした。

　ともすれば、少子化を嘆かれる日本ですが、著者は日本に限っては少数精鋭化すると楽観視しています。例えば、人口分布では次世代しか担えないアスリートの分野では、サッカー日本代表の世界における活躍やＷＢＣで世界の頂点に立った野球選手たちが、メジャーリーグでも前代未聞の活躍を見せている現実があるでしょう。また手前味噌ですが、25年以上に亘り、近畿大学の文芸学部でジャーナリズム教育を担って来た著者の授業でも、毎回学生たちに書いてもらう時事問題の解決策は、ここ数年格段に切れ味が鋭くなっています。もはや日本においてはあらゆる分野で少子化＝少数精鋭化を期待せざるを得ません。

問題発見と解決を常態化してくれると信じて啓蒙・挑発する次世代に、まず依存症という常態化の当事者でもある著者が病状を説明する場合、「手段」が「目的」化したら依存症だと疑う事を勧めています（拙著『パンク社会学』pp.152–163.「10 手段が目的化（自動化）したら！依存症を疑え!!」参照）。著者の場合は、精神科医の父から受けた理不尽な教育虐待によるＰＴＳＤ（Post Traumatic Stress Disorder：心的外傷後ストレス障害）で、萎縮した人格を解放する「手段」として出会ったのがアルコールでした（拙著『脱アルコールの哲学』pp.19–23.「心を癒すアルコール」参照）。しかし、少量ずつでも飲み続けていると飲まないと不安に苛まれる自分、つまりアルコールを飲む事が「目的」と化した自分に気づいた時、れっきとした依存症という病気になっていたのです。

よって自身が依存症になったメカニズムを、健全な依存対象を選んで教育現場に応用したのが著者の授業でした。また、それによって著者がアルコール依存症で苦しんでいた時期も今、振り返ってみると決して黒歴史ではなく、結果論ではありますが、大学の授業に援用するために有用な経験値だったともラベリングできたのです。まさにその結果、著者が毎回、学生たちに時事問題のミニレポを作成してもらうのは、単位を取る「手段」としての〝問題発見と解決〟を「目的」化してしまう授業でした。そして多くの学生から、最近ニュースを見る度に、自分ならこうすると解決策を思い浮かべるようになりましたとの症状を報告されるに至るのです。この現象（問題発見と解決）は個人が就活で使えるだけではなく、拡張して行けば、次世代に社会の改革を促す運動にも繋がるでしょう。

もちろん、現代の時事問題に対する解決策にも、唯一無比の正解などありません。賢者がなすべきことは、できるだけ多くの解決策を示し、市民の選択肢を広げることでしょう。正解は、後に歴史が決めます。

大学で有意義な問題発見と解決を繰り返すには、やはり発展途上の学生たちより、綱渡り人生を経て還暦も過ぎた著者の方に、一日の長があります。なんせ著者は、自身が抱えた心身の超難問！を幾度となく乗り越えて参りました。ステージ4に近い重度のがんを2度で1回目は外科手術、不治と言われた2回目は抗がん剤治療で抑えられるところまで抑えて、完治しない病とラベリングされるアルコール依存症も1回目の断酒入院から、現時点まで10年以上は1度も再飲酒せず、いずれの難病も相対化できているのです（拙著『楽天的闘病論』、『脱アルコールの哲学』、『2度のがんにも！不死身の人文学』参照）。

そこで本書は、がんと依存症を相対化した！達人の臨床社会学者が、あらゆる時事問題を斬るニュース解説と解決策のエッセイ集だと銘打ってみたのです。研究機関でもある大学ならではの〝ジャーナリズムと報道における残心〟（気を抜かない批評）をご笑覧ください。

著者は、果てしない研究機関でもある大学において、教授が学生たちの手本となるべき解決策を示す場合も、模範解答などありえないと考えています。特に、現代の時事問題では、唯一無二の正解などありません。教室では、著者が小学生の頃に通い詰めた1970年の大阪万博で関西人が閃いたアイディアの様に、いつかは体現できるであろう解決策を提言するのです。70年万博における数々の提案も、当時は荒唐無稽と言われながらも、殆どが実現しました。最もパンク（型破り）と言われた人間洗濯機まで現在、介護の分野で応用されています。

そこで現在の教員がなすべきことは、選択肢の一つとして、斬新な解決策を見せつけることではないでしょうか。それでこそ、受験勉強で唯一無二の正解しか学んで来なかった次世代も、臆することなく独創的なアイディアを発想できると考えているのです。正解かどうかは、後の歴史が決める事です。

よって本書でも、マイクロソフトの共同創業者、ビル・ゲイツが言い放ったとされる格言「少なくとも一回は、他者から笑われるくらいのアイディアでなければ、とても独創的だとは言えない。」を体現して、時事問題を解いて参りましょう。

余談という残心：高大連携のあるべき姿

入試を経ずに、ほぼ100％系列の大学へ進学できる附属高では、反学問の受験勉強など必要ないはずです。

入試は、公平で中立にするために、多くが模範解答のある出題になってしまうでしょう。採点基準を一律にするためには、仕方ありません。しかし、そのために受験勉強を経て、大学に入って来る若者の多くが、あらゆる問題の解決策には唯一無二の正解があるという偏見を持って、学問に臨むのです。恐るべき知性のギャップでしょう。学問における課題も社会問題も、必ずしも正解はなく、解決策の選択肢は無限にある事を前提にして考えてくれないと、最高学府における思考訓練も思考実験も始められません。大学教授としては、特にペーパーテストの受験を経て入学して来た学生たちの脳内に固着している、問題には必ず正解があるという偏見を解くのが大変です。さらに大学の授業科目でも、正解のある試験を課す科目が沢山あるので、学生たちに慢性化している唯一無二の正解依存症を解くのが大問題なのでした。

対して、エスカレーター式に系列の大学に入って来る学生たちを、受験勉強もしていないからとバカにする論評をよく目にしますが、著者の見解は逆です。唯一無二の正解を求める受験勉強しかして来なかった学生たちの多くは問題解決のために、多様な選択肢など提言も提案もなかなかできません。それより、何でもありの自由奔放な高校生活を送って、正解にこだわる事もないまま系列の大学に入って来てくれた学生たちの方が、たとえ知識は乏しくとも、柔軟に考えられる知恵の素養が育まれているケースが多いのでした。そして、それこそがＡＩに負けず、現在のＡＩを利用し、新しいＡＩを創れる様な人類の叡智となるはずです。足りない知識の補完は随時、スマホが脳の延長として機能してくれます。

かく言う著者は公立高出身ですが、高校時代は深夜ラジオへの投稿に明け暮れ、上京して予備校の寮に入った浪人時代はオールナイトのディスコに明け暮れ、受験勉強など一切せずに、それでも受かった分相応の大学へ進んだので、柔軟どころかパラダイムシフト（掟破り）の問題解決策を提言できる臨床社会学者になれました（拙著『サバイバル原論』pp.81-91.参照）。

ここでも〝残心〟として言明しておきたい入試への注文があります。日本でも唯一無二の模範解答しかないペーパーテストへの反省からか、ＡＯなど多様な入試が増えて来ました。しかし、著者は反対です。いくら時間を掛けても、ワンチャンスで受験生の多様な才覚まで測れる入試ができるとは思えません。ワンチャンスなら、答えが一つの現行入試が、最も公平だと考えます。個々の多様な才覚は、どこの大学であろうが入学してから４年間で見出し、育むべきでしょう。

II

時事問題の解決論集

改めて確認しますが、必ず正解があった受験を経たばかりの多くの学生たちは、正解だと確信が持てなければ、なかなか問題解決策の提言もしてくれないのです。現代の時事問題に対する解決策に、唯一無二の正解などありません。次世代から新しい提案を引き出すためには、指導教授が必ずしも正解ではなくとも（オッカムの剃刀が如き）キレッキレの斬新な解決策の選択肢を提示し続けなければならないのでした。それも、なるべく荒唐無稽な案を見せないと、学生たちは安心して自由な発想をしてくれません。イメージとしては、著者が大学院生時代に論文執筆時のBGMとしていたJ－グラムロックの徒花、マルコシアス・バンプのエクレクティックな（美しくも混沌とした）な世界観を見せつけるのです。そこで初めて教室には、どんな奇策を弄しても許されるという心理的安全性が担保されるのでした。

この章で、例証に用いられる授業ノートのエッセイは、政治、経済、社会、文化それぞれのカテゴリーに分類しました。

その上で、ポストコロナの時代、これまでとは全く違う観光立国を目指す日本において、著者から「観光」に関する授業半期15回分以上の提言および参照して欲しい内容は、政治・経済・社会・文化の超ジャンルに「★観光」としてラベリングしています。旅行業界の伝統ある大手3社（JTB、阪急交通社、クラブツーリズム）に卒業生がいて且つ、エリアのチーフ等第一線で活躍している前田研究室ならではの着眼点です。パンク（型破り）ですが、ご注目下さい。

異文化コミュニケーションをめぐる覚書

著者が血気盛んな大学院生として学会デビューした1990年代初頭、メディア系の学会で〝異文化コミュニケーション〟がテーマのシンポジウムにおいて、衝撃的な発言に出会いました。「最も異文化の理解を深める契機となれるのは、戦争である。敵国の国民性を隈なく理解して居なければ、戦争には勝てないからである。」と喝破された某私大の社会学部教授がシンポジストにいらっしゃったのです。そして、誰も反論できなかった劇的な展開を、今も忘れていません。

そこで敢えて挑発的に進言したい。異文化コミュニケーションを深めるには、戦争か、観光か。もちろん不戦の誓いを立てた日本が切るべき舵は、観光立国であると結論づけられるでしょう。

そして具体例として、ジョージアがロシアから侵略を受けながらも、それ以上戦わず、ロシアとは国交断絶して、世界中から観光客を呼び込み、国家を安定させることに成功して居ます。（本書pp.27–28「国際」、「★観光②」■断交も、セカンドワーストになる場合。」参照）遠く離れた日本では馴染みが薄いジョージアの観光産業かもしれません。しかし、ジョージアは日本の大手牛丼チェーン、松屋とコラボして、ジョージアの郷土料理「シュクメルリ鍋」（鶏肉のにんにくとチーズとホワイトソース煮込み）定食を不定期的に発売しては、毎度売り切れという民間の外交成果を上げていますし、ジョージア出身の元大関、栃の心は引退後も日本でワインの交易に携わっていました。

但し、2024年5月現在、ジョージアは親ロ政権が担っているなど、その歴史もまだまだ迷走しています。

話を時事問題の全般に戻すと、各カテゴリーでは、政治における国内の専権事項に関しては、前著『起死回生の政治経済学——日本が蘇える！ドラスティックな政策論集』で多数、検討しましたので、ご参照下さい。前著は、コロナ禍に全国知事会第14代会長を務められた鳥取県の平井伸治知事に献本致しましたところ、各政策を丁寧に読み込んで下さり、鋭い考察だと著者の独自性を高く評価するお手紙を頂きました。そこで本書では国外にも目を向けて、世界に関わる重要事項を「国際」とラベリングしています。

また更に、経済の領域は細分化して、経済、経営、商学と三つの領域にラベリングしました。これも、大学で授業を選ぶ際、また進む学科専攻を選ぶ際に、履修要項の説明だけでは看板の中身の違いが体感できない欠点を補うため、具体的な「内容」にラベルを貼ったのです。結果、ラベリングされたエッセイの出所は、著者の授業ノートですから厳密な線引きではありませんが、読むだけで、経済、経営、商学、それぞれに学ぶ「内容」の差異と意義だけは体感できるでしょう。

これらの仕掛けは、同じ大学や学部でありながら、専攻ごとに縦割りのカリキュラムだと学べる「内容」も硬直しかねない弊害を無くし、横断的＝柔軟に学問が参照できる手引きにもなると信じて構成しました。近畿大学文芸学部は、トランスアカデミズムを目指して構築された学部です。そして実際には、もっと幅広く活用して欲しい各専攻の公開科目などに興味をそそられるきっかけともなるでしょう。もし著者が型破りな教務委員だったらという書正論に基づくチャレンジです。

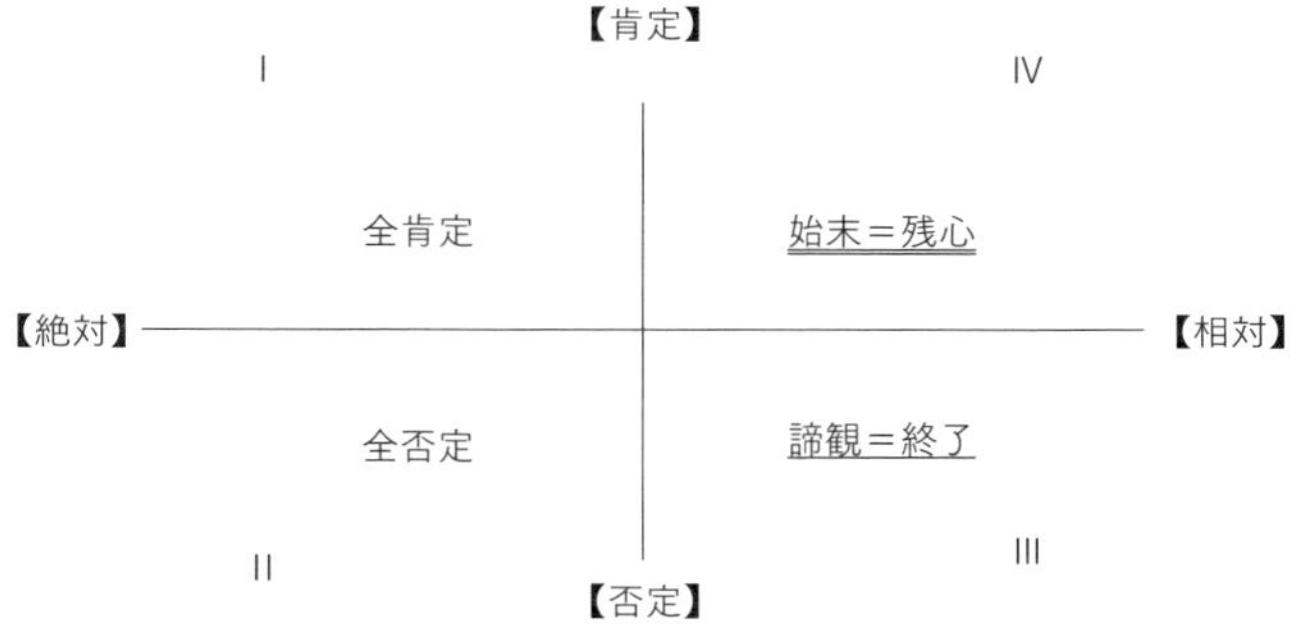

タテ軸：設定された議題の中心を、肯定的に捉えるか、否定的に捉えるか。
ヨコ軸：設定された議題の動きを、絶対的に捉えるか、相対的に捉えるか。

注）四様相を設定する詳細は、拙著『マス・コミュニケーション単純化の論理』p.88.図－2. p.103.図－4. p.109.図－5.と各解説を参照。
出所）著者作成。

そして、本章に掲載する近年提起した時事問題の小論は、これまでジャーナルに記述していた膨大な量の授業ノートから、特に学生たちへ異化効果を発揮し（冷や水をぶっかけ）、現在も意義のある内容だけを抜粋して、さらにブラッシュアップしました。よって、汎用化のために、固有名詞を一般名詞に置き換えた小論もあります。また、そこで取り上げる問題は、たとえ救いようのないディストピア（暗い展望）であっても、リフレーミングして（見方を変えて）可能な限りユートピアに（居心地良く）収めるという斬新な〝残心〟の試みで、ブレークスルー（突破口／解決策）を見出したエッセイも多いです。

さらに、武道における試合を決する有効打と〝残心〟を、報道にまつわる小論でもアナロジー（類推）してみました。文中、一重のアンダーラインが有効打（報道であり、対策）で、二重のアンダーラインは、著者が考える〝残心〟（始末であり、解決策）に値します。

小論に長短があるのは、武道においても一本が決まるか判定になるかなど、試合が終わるまでの時間に長短があるのとアナロジー（類比）できるとお考え下さい。そして熟考できる問題については、熱闘と同様に延長戦の尺（長文）もあります。

各領域は、導入部として、実際に授業で板書したポジショニング・マップから例示します。様相論理学に基づくポジショニング・マップで分析できるアジェンダ（課題）は限られていますが、できる場合は板書します。

対面授業における著者独自の板書は、オーケストラにおける指揮者とアナロジーできると考えて参りました。板書したポジショニング・マップは、一つのテーマに対して並立する、様々な見方を示し、どの学生もいずれかの見方と共感できるでしょう。そんな公平な調整の機能を果たすのが、指揮者たる著者のレクチャーであり、教室には殆どの学生たちと協和音が奏でられると期待して臨むのでした。

もちろん、どの時事問題でも解決を試みる場合に適用できるフォーマットではありません。そこで著者は、ここぞという時に限って、多少強引でもそこは魔法に杖を駆使するように、謎の暗号に近い様相をポジショニング・マップで板書するのでした。そして、謎解きの様に授業を展開します。そして皆の感覚が一斉に動員されたと分かれば、各様相を解説する内容はあくまで論理的に行います。それが著者の目指す理想的なライヴ授業でした。

板書の凡例

なぜパワポでなくて、板書なのか。

縦と横の座標軸によるポジショニング・マップだけ板書して、加筆と消去を繰り返しながら説明して行くと、黒板の描写は完成された資料よりグラフィティの様相になって終わります。すると不思議なことに、同じ落書き仲間の様な一体感が教室に広がるのです。その後は、授業であった細かいこぼれ話まで、師弟ともになかなか忘れられません。荒削りながら思い出に残る対面ライヴ授業ならではの醍醐味でしょう。

【「国際」政治】

■戦国武将は、専制主義（支配的）で、民主主義には馴染まない。
（2017年4月17日）

世論調査で理想の上司や首相に、歴史上の人物から選ぶ場合、必ず織田信長は上位に挙がります。大河ドラマや歴史小説や漫画における強引でも突破力のあるリーダーのイメージからでしょう。しかし、これが民意だとすれば、ロシアの国民の多くがプーチン大統領を支持し、中国の国民の多くが習近平を支持しているのも頷《うなず》くしかありません。

実際に直接、対面して人間関係を続ける事態になったら、信長もプーチンも習近平も理想像とはか

【板書の例①】 東京電力福島第一原発における処理水の放出をめぐって

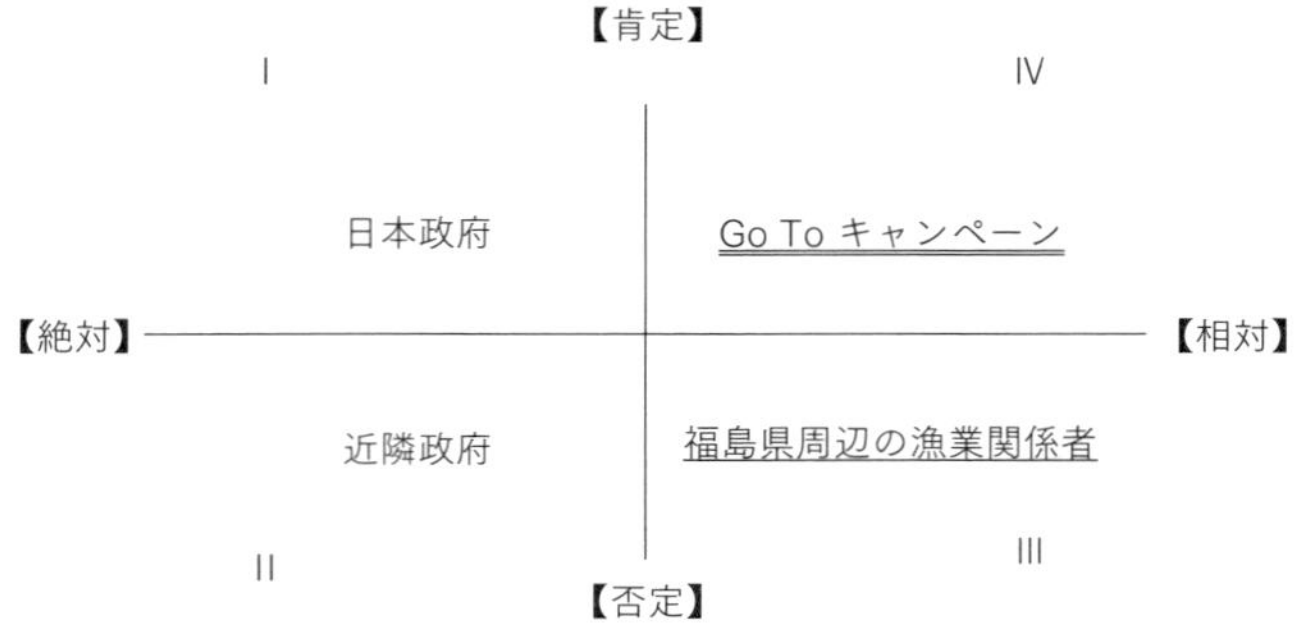

I：科学的な根拠に基づいて、絶対の安全性を肯定する日本政府の立場。
II：絶対の安全性を観念的に否定する一部の近隣諸国、政府の立場。
III：安全性より風評被害から反対せざるを得ない福島県とその周辺の漁業関係者には、我が国の政府が補償を。
IV：政府がコロナ禍と同様に、風評被害を受ける地域限定の Go To トラベルや Go To イートを実施。インフルエンサーが世界に配信してくれれば、風評には、風評で上書きできる。

注）関連する解説として、本書p.31.「国際」「★観光④」■安心を不安に転じさせる報道と不安を安心に転じさせる発信。（2023年９月14日）参照。
出所）著者作成。

け離れているはずです。彼らは専制主義で、民衆に対しては心身ともに支配的な政治しか行っていないからです。

しかし、メディア越しの情報だけなら、強権を発動して事態を動かしてくれる姿で、カタルシス（溜飲を下げる）効果があるのでしょう。映画の世界における善悪が、現実の世界における善悪と基準が違うのと同様です。よって、我々が為政者を選ぶ場合は、（フィクションではなく、）現実の世界における基準に則して考える必要があるのです。

「国際」■ポリティカル・コレクトネス（政治的な公平性）は、あくまで理想型。
（２０１８年５月16日）

大学院で意見交換した中国のある留

【板書の例②】　元参議院議員のガーシー裁判をめぐって

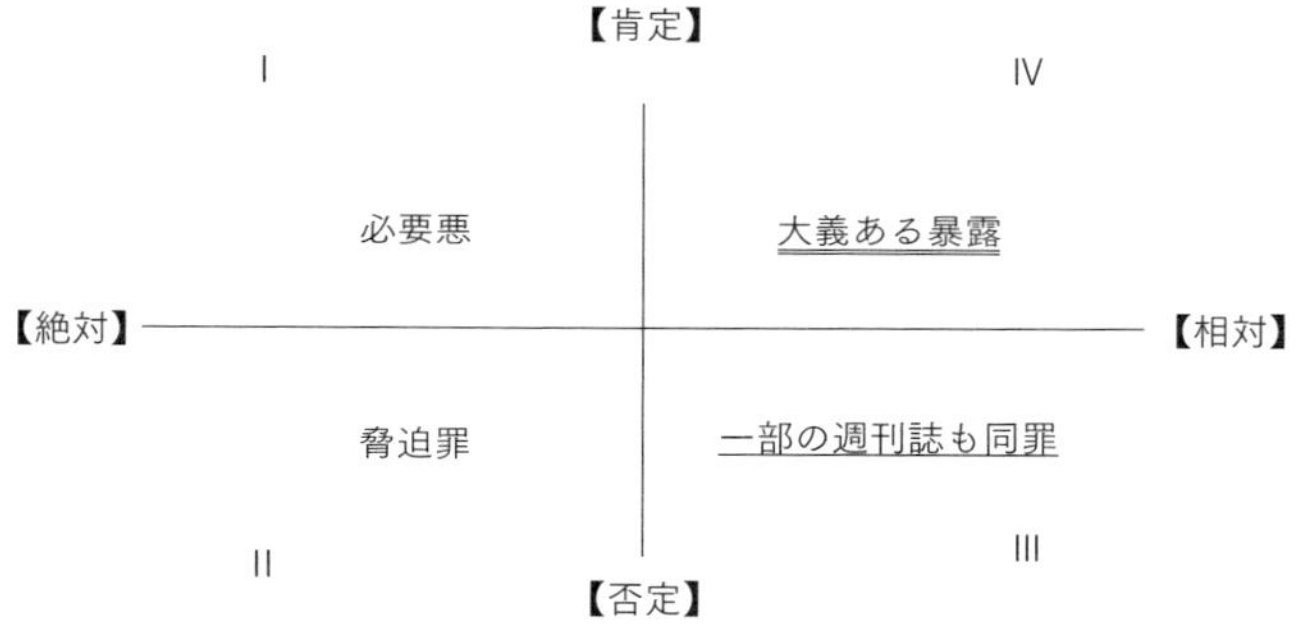

Ⅰ：警察でもないが、誰も明らかにしない社会悪に対しては、暴露する人間が必要。

Ⅱ：暴露するネタで、被害者に脅しをかけたのであれば、犯罪として裁かれるべき。

Ⅲ：暴露するネタで、取材対象者を脅かすことが多々ある一部の週刊誌も、同罪ではないか。

Ⅳ：カルト宗教の団体と政治家の癒着などは、海外のメディアではなく、日本人自身が海外からでも暴露するべき。

注）関連する解説として、本書p. 32.■暴露系ユーチューバーに大義はあるか。（2023年9月21日）参照。
出所）著者作成。

学生は、学部をアメリカの大学で過ごしたそうです。その留学生は、アメリカの学部生時代に、オバマ政権からトランプ政権に移行した瞬間を経験しています。そこでの経験談が、差別の本質を抉《えぐ》るものでした。ポリティカル・コレクトネスを標榜するオバマ政権だった時の授業では、アメリカの学生たちも中国の留学生に対して、人種差別などありえないし人類は皆平等だと言ってくれていたそうです。

　ところが、トランプ政権に移行した途端、一部の学生から、中国人には著作権の概念がないから盗人ばかりだとか、中国は人権意識がない監獄国家だなどと誹謗中傷が噴出したと言います。失望した彼女は、大学院から日本に来たとも言ってくれました。そこで、この留学生が結論付けたのは、いくらポリティカル・コレクトネスを標榜して、表向きは差別しなくても、内心で差別していたら意味がない。むしろ、最初から内心の差別意識を表沙汰にしてくれた方が、問題が明確で対策も立てやすいとのことでした。

それを著者なりに解釈すると、茨の道で時間は掛かるとしても、本音で乗り越えてこそ、真の差別解消でしょう。決して、差別意識を隠し続けることが解決策ではありません。

「国際」「★観光①」■日本列島ブロック化の意義。（シミュレーション）

（２０１９年４月17日）

日本の国家規模が巨大過ぎて、バルト三国の様に全国一律で同意できる革新的な政策は実行しにくいのであれば、分けてみてはどうでしょうか。例えば、エネルギー源である電力会社の管内ごとに、北海道、東北、関東、北陸、中部、関西、中国、四国、九州、沖縄と政治・経済を10ブロック化して、それぞれで国家に準じた運営をしてみるのです。まとめて、EUにも対抗できる様な連合体にできるのではないでしょうか。

論拠に、国土交通省のデータを参照した各ブロックの総生産は、著者が少なく見積もってみても、以下の概算になりました。

北海道：約20兆円。東北：約43兆円。関東：約２００兆円。北陸：約13兆円。中部：約74兆円。関西：約80兆円。中国：約30兆円。四国：約14兆円。九州：約48兆円。沖縄：約４兆円。

日本の各ブロックは、大小はあれEUいずれかの加盟国に匹敵する経済力を持つ事が証明できるでしょう。但し成長率には格差があり、数年で総生産など容易に逆転するので、現在は変わっている可能性が高いため、それぞれに匹敵する国名は挙げません。しかしアナロジー（類比）するのは、あくまでEUであって、決して先住民を駆逐して建国した合衆国ではありません。

そしてシミュレーションでは、各ブロックに首都を置き、政治と経済を運営してみるのです。少なくとも、10ブロックの10首都は域内で最も繁栄し、たとえ僻地ができたとしても、10首都との物理的な距離感は、日帰りできる域内だと言えるでしょう。そして小国であればあるほどブロック内議会の電子投票など、バルト三国が如く様々な社会実験が現実化します。観光立国としても、EU並みに魅力が分散できるでしょう。

以上は、アカデミック・フィクション（学者の妄想）かもしれません。しかし、もしもこのブロック化が実現したら、社会インフラの要、電力会社ごとに発電所への依存度が違います。発電の方法論を常に念頭に置いて経済活動していれば、ブロックに差異が生まれるでしょう。例えばEU内でも、隣国同士のドイツとフランスでは、エネルギー政策が全く違うのと同様です。つまり、日本国内のブロックで重要視されているのが、原子力発電か、火力発電か、太陽光発電か等の違いだけでも、域内の市民は自ずとイデオロギー（思想信条）含みの文化圏を形成している事を自覚せざるを得ないのではないでしょう。極論ですが、ブロック内の居住地に人口を集約させ、過疎地を更地にして、太陽光パネルを敷き詰めるエネルギー政策も考えられます。これまでも、２０１１年の東日本大震災における津波被害の教訓から、海沿いに住んでいた多くの人々が高台に移住しました。同様に防災等の動機づけさえあれば無理なく、ブロック内で都市部への適度な人口集約も可能でしょう。
よって安全保障も比較できます。例えば東日本大震災において、同程度の津波を受けながら、東京電力管内の福島第一原発は甚大な損傷を被りましたが、東北電力管内の女川原発は被害が少なかったのです。

「国際」■巧妙な植民地支配からの解放。（2019年6月10日）

専制国家の一部を植民地として支配していた民主主義の先進国が、その植民地を返還すると約束した場合、タダで引き渡すでしょうか。もちろん返還されても、旧植民地エリアは、市民が馴れ親しんだ民主主義も尊重して、向こう50年は専制主義を強要しないなどの条件は付けるでしょう。しかし、それだけでしょうか。

例えば、返還を約束する文書に両国が署名してから、返還までに13年もあったとしたら、その間、植民地支配していた民主主義の先進国は、手をこまねいていません。返還が決まるまでは、植民地の人々に宗主国への在住権を取り消すなど、二級市民扱いしていたとしても、いざ返還すると決まれば扱いは変わります。返還までの13年間みっちりと教育現場で、まっさらな先入観のない子ども達に、宗主国の民主主義というイデオロギーがいかに自由で平等な理念なのかを啓蒙し続けるのです。イデオロギーは違えども青少年を啓蒙して変革を狙う政策は、ヒトラー・ユーゲントや近衛兵が同様で、歴史からも教えられます（２０２３年7月時点で、ウクライナからロシアに連れ去られた子どもたちがロシア人の養子にされ、洗脳教育を受けてロシア軍の兵士に仕立て上げようとされているという情報が正しければ、悪例の最たるものです）。

そして、そんな教育を受けて育った若者たちは、自分たちが宗主国の市民と平等だと意識したまま、返還の時を迎えます。そこで返還された祖国が専制国家であることを知らしめられるような取り締まり等に遭遇するのでした。すると教育現場で植え込まれた自由と平等の精神が沸騰して、デモや抗議活動に発展するのは自明の理だと言えるでしょう。しかし、それは旧宗主国の思う壺です。旧宗主国は、返還はしたけれど、若い市民が中心となってでも旧宗主国のイデオロギーを掲げて、専制国家である祖国と対峙してくれれば、少なくとも自国の正当性は守られます。決して宗主国は支配者ではなかったのだと。さらにあわよくば、若者を中心に革命でも起こしてくれたなら、専制国家に打撃を与えて、市民の多くが宗主国の下に戻ってくれると。

しかし、植民地支配の歴史は、そう簡単には覆りません。返還後に起きたデモや抗議活動に参加している多くは、返還までの13年間に学校で宗主国の理想のみを教化された若者たちなのです。宗主国から二級市民扱いされていた記憶が消せない年長者たちは、デモにも抗議活動にもあまり参加していませんでした。宗主国に見下されていたとの意識が強い年長者たちには、たとえ締め付けが強くても対等に罰してくれる祖国への愛着が、宗主国から植え付けられかけた理想に勝るのかもしれません。

以上は、植民地支配から解放された人々の一面です。全面ではありません。

■排出権取引に倣《なら》う「委員会の論理」の正当性。
（2021年2月17日）

世界では、企業や国が炭素の排出権取引をして、やりたくない業務を金に換えて（温室効果ガスの排出枠を買って）は、それぞれが都合に合わせて担当を調整しています。

同様に、あらゆる給与を支払う組織では、やりたくない業務（例：大学教授における授業と研究以外の各種委員など）を回避するには、やらない分の給与を差し引かれて、引いた給与はその業務を担当する者に回されるのが、公平かつ多くが納得できる調整となるのではないでしょうか。

また、自治会など非営利団体（例：PTA、町内会など）においても、やりたくない委員を回避するには、免除金を支払い、その金は代わりの委員に支払われれば、公平かつ多くが納得できる調整になるのではないでしょうか。そして新たに免除金の制度を設けずとも、町内会の業務などは、住民税非課税世帯に担ってもらえば、感謝されて、高い住民税に不満が募る市民も少しは落ち着くと考えます。

「国際」■AI兵器と自動運転車
（2021年9月15日）

ＡＩ兵器は、禁止もしくは規制するのが正論であるように思われますが、本当にそれだけでしょうか。生身の人間の方が、誤射しないでしょうか。兵士が市民の中に身を隠すのが当たり前になった現代戦では、人間の眼で見分けがつかない敵も、ＡＩ兵器の方が的確に攻撃できるのかもしれません。身近な例では、肉眼で発見できない初期のがんも、無数の初期がんのデータを読み込んだＡＩなら発見できるケースが多々ありました。戦争の場合は、もちろん戦争をしないのがベストですが、これまでも戦争を始めたのは、人間です。

そこで、自動運転車を考えてみましょう。自動運転車による事故率が、手動運転車の事故率を下回れば、人類は自動運転車の方を高く評価するはずです。同じ評価が、有事の際にも適用されないでしょうか。つまり、人間が引き金を引くより、誤射率の低いAI兵器が現れたならば、1人でも多く市民の命を救うためには、AI兵器を選ぶしかない戦場も考えられてしまうのでした。戦争回避がベストなら、誤爆する人間vs．誤爆する人間の戦争はワーストです。そして誤爆する人間vs．誤爆が少ないAIの戦争がセカンドワーストになるでしょう。

その地平に、誤爆しないAI兵器vs．誤爆しないAI兵器の戦争となれば見本市の様相を呈します。つまり、人間が戦場に出向いて命を張らなくても済むAIの代理戦争、ウォーゲームで国際政治も決着がつく時代になってくれればと夢見る著者でした。

「国際」■国会総動員法の過ち。
(2022年2月25日)

ウクライナ紛争で、ゼレンスキー大統領は、成人男子へ国内に止まり、戦うように指令を下しました。これは、国家総動員法に準じます。すると敵側は、国内に残る成人男子を全員、兵士と看做《みな》して攻撃対象とできるのです。つまり、成人男子の居住区は全て破壊できる口実にも使えるのでした。

太平洋戦争時の日本が、同じ轍を踏んでいます。日本の政府が国家総動員法を出した事を根拠にして、米軍は無差別爆撃を進めました。国民は全て兵士だと看做せる米軍は、東京大空襲を正規の戦闘行為だと言い訳でき、果ては原爆投下まで正当化している米国の世論が一部にはあるのです。

国家総動員法は、敵に皆殺しを正当化させかねない人間の過ちです。そんな悲惨な体験をした日本こそが、ウクライナ紛争においても、国家総動員法の悲劇を伝えてゼレンスキー大統領を諫《いさ》める役割を担うべきなのではないでしょうか。

軍事支援か、人道支援だけが、平和への道程ではありません。時には指導者の過ちを諫めるネゴシエーションも立派な平和活動です。

「国際」■このままでは、日本の拉致問題を、世界で共感されるのは難しい。
（2022年5月24日）

世界の主要国で、拉致ほど非人道的な諜報・工作活動を行っていないのは、戦後の日本くらいです。他国は多かれ少なかれ、そして大なり小なり国防のためなら敵国の人間を拉致まがいに拘束することを否定していません。よって、日本の拉致被害に共感して、拉致した北の国に直言しても、あなたの国は同様に違法な諜報活動をしていないのですかとツッコまれたら、返す言葉もないでしょう。だから、日本が抱える拉致問題を、世界各国に共有して共感してもらうのが難しいのです。

でも、だからこそ、拉致ほど非人道的な諜報・工作活動を行っていない戦後の日本は、それを誇りにして訴えるべきです。確かに、戦前戦中の日本は、安全保障の名目で拉致なども行って来たでしょう。しかし戦後は一貫して、拉致ほどの非人道的な諜報活動を行っていないことを理想として世界に向けて掲げて来たのです。日本は唯一の被爆国だからと、反核だけが、世界にアピールすべきポイントではありません。戦後、敵国の人間を拉致するなどの違法行為を一切行わないでも、国際社会でれっきとした地位を築いていることをアピールすべきです。そんな理想的な安全保障の国家から拉致された人々は、真っ先に返されるべきで、それを敵国の人間であろうが拉致するなどという非道な諜報活動を無くす第一歩にすべきだと訴えるべきではないでしょうか。反核と同様に、第三国からでも支持を集められれば、拉致ほど非人道的な諜報・工作活動を無くす国際世論となり、拉致問題を解決する道筋になるかもしれません。著者には、それしか拉致問題で解決の進展を見込める道は考えられないのです。

「国際」、「★観光②」■断交も、セカンドワーストになる場合。（2023年1月30日）

著者は、認知症がはじまり唯我独尊が止まらない実母に、当人も気に入っていた高級老人ホームへ移ってもらいました。そして、物理的に没交渉が可能な「世帯分離」を行ったのです。結果は、互いに心身ともに傷つけ合う恐れは無くなり、最悪の事態を回避できたセカンドワーストの環境となっているのでした（拙著『高齢者介護と福祉のけもの道』pp.90−104.参照）。

この環境づくりにも汎用性があります。例えば、ジョージアは2008年、ロシアに侵攻され、南オセチアやアブハジアを勝手に独立させられました。しかし毅然として、ロシアと国交を〈断絶〉する事により、それ以上深い侵攻を許しません。結果、歴史的な街並みを破壊されずに維持して、ワインなどを観光資源に経済成長を遂げ、独自の文化も確立させているのです。観光立国として外国人を多数呼び込めば保険（盾）となり、ロシアも手出しできません。ベストでも、セカンドベストでもありませんが、ワーストではない、セカンドワーストでしょう。けもの道として、国際的な「世帯分離」を成功させた一例です（但し、2024年5月現在、親ロ政権が担っているなど、ジョージアの歴史もまだまだ発展途上でした）。

■カルテの分散は、命も散らしかねない。
（2023年4月12日）

マイナンバーカードと保険証の一本化に伴い、電子カルテの情報を共有できるシステムが構築できます。共有するには、患者本人の確認と同意を要するなど、プライバシーを最大限考慮した制度設計ですが、満身創痍（基礎疾患等の総合商社：拙著『サバイバル原論』p.111.参照）で昭和育ちの著者にはプライバシーゼロでも構いません。心筋梗塞で緊急手術を受けた経験などから、患者の意志の有無に関わらず、すべての医療機関で検査・診察された著者のカルテを見て、最善の救命策を講じて欲しいからです。

つまり、マイナ保険証で電子カルテが簡単に共有されると、プライバシーが失われるという損失観より、命に関わる急病時の担当医に、これまでの正確な病歴も参照されず処置される損失観の方が、重大でしょう。

人間には得をするより、損をすることに過敏な損失回避の精神構造があると、行動経済学ではラベリングされました。(プロスペクト理論)ならば、緊急時にマイナ保険証からカルテ共有で救われた命を例に挙げ続けると、多くの人々は命を失いたくないから、分散している自身のカルテ一元管理も同意してゆくのではないでしょうか。それが、カルテと紐づけられたマイナ保険証の自然な普及だと著者は考えます。

■若年層の投票率を上げる方法。
(2023年6月28日)

コロナのワクチン接種証明書が累積の記録と共に発行される様に、投票に行く度に累積の投票証明書が発行されるしくみが前提条件です。

コロナ禍では、働く時などにワクチン接種証明書を見せたように、投票証明書も就職に有利に働けば、自ずと若者たちも投票に行くでしょう。

さらに、履歴書に投票履歴を書く欄を設けて、証明書も提出させれば、働いていない年金生活の高齢者より、働かなければならない履歴書を出す世代の方が、投票へ行く大いなる動機づけとなります。

「国際」、「★観光③」■禁断のグルメ外交。
(2023年7月7日)

東京電力福島第1原発における世界最高水準の多核種除去設備:ALPSで浄化した処理水の海洋放出に対して、東アジアの大国政府が、一部の日本産食品を放射能汚染されているとして実質、輸入禁止にしました。もちろん、自国の原発から既に、日本の基準値の何倍もの放射性物質を海洋に垂れ流している某国の妄言は、政治的な発言だと非難されて然るべきでしょう。しかし某国政府は、自国民の安全を守るための日本産食品の制限だと説明しています。

ところが同時に、団体でも大挙して日本へ観光に来て、自国に輸入禁止されている日本産食品を確かめることもなく爆食いしている自国民に対しては、安全のための注意喚起すらしていません。日本の政府は、なぜこの矛盾を大国の政府に指摘しないのでしょうか。

但し同様の矛盾と指摘は、日本人にも適応できます。食品添加物や遺伝子組み換え食品を避けて買い物をしている意識が高いとされる一部の消費者は、外食した際に毎回、店側が使う食材に添加物や遺伝子組み換えの確認を求めているでしょうか。

結局は世界のどこでも、流通している食品に対して多くの消費者が、無自覚にも心底求めているのは、長期で確定しないリスクに対する安心よりも、短期で確かなリターンの食欲と味覚なのだと為政者も市民たちも理解するべきでしょう。いや少子高齢化で刹那的にならざるを得ない文明人なら皆、心の底では分かっているはずです。よって、東アジアの大国政府が放射能汚染を口実に、日本産食品の一部禁輸を決めたのも、実は食料安全保障の観点から、自国の自給自足を促すための手っ取り早い詭弁だったのです。

「国際」、「★観光④」■安心を不安に転じさせる報道と不安を安心に転じさせる発信。
（２０２３年９月１４日）

東京電力福島第一原発における世界最高水準の多核種除去設備：ＡＬＰＳで浄化した処理水の放出を開始してからも、東アジアの大国政府による反対キャンペーンを日本のメディアが連日報道するのは、あらゆる意味で逆効果です。

まずメディアでいくら安全だと報じても、報じられただけで不安になるのが受け手の心理でしょう。例えば、コロナ禍にトイレットペーパーの買い占めを抑制するため、在庫が十分にあると報じられた途端、消費者は不安になっては買い占めに走りました。結果、品不足になり、安心だというニュースにはやっぱり裏があったのだなどと市民は納得してしまうのです。つまり、予言の自己成就が如き本末転倒な現象を招くのでした。ですから、本当に安心できる問題であれば、報じないのが最も安定した結果を導くでしょう。報道論の原則です。

つまり報道する事が、悪循環を生むケースもあるのでした。よって、報じれば報じるほど、不安を募らせる日本国民の心理を逆手に取って、近隣の大国は反対キャンペーンを加速させます。結果、誰も得をしません。風評被害が加速されて、海産物が売れない日本の生産者は、もちろん大損害。観光客としてなら、自国が禁輸している一部の日本産食品を爆食いできているのに、自国では食べられない東アジアの国民たちも損。本当に、誰も得をしません。

よって、風評被害を払拭するために日本の政府がなすべき事は、コロナ禍でダメージを受けた観光業と飲食業の対応策として功を奏したＧｏＴｏトラベルとＧｏＴｏイート再びでしょう。政府の委員を歴任されている一部の有識者からも、著者と同様の提案がされていました。ふるさと納税より、センセーショナルな政策です。風評被害が及ぶエリアを対象としたＧｏＴｏトラベルとＧｏＴｏイートを活用したインフルエンサーが、ネットで安心と美味を世界に発信してくれたら、聴き心地の悪い風評など吹っ飛ぶのではないでしょうか。風評には風評で！上書きするのが、一番効果的です。

■暴露系ユーチューバーに大義はあるか。
（２０２３年９月21日）

ガーシー（東谷義和）被告が裁判で反省を述べているのは、残念な区切り方です。著者は、彼の言動を一切支持しません。しかし、銃撃された安倍元総理が応援演説をしていた参議院選挙で、20万票を軽く超えて当選し、議員になった人間です。もっと意義のある言動が出来なかったのでしょうか。

２０２２年７月８日、安倍さんが銃撃された後、容疑者は実母が宗教団体に多額の献金をして家庭を破滅させられた事を恨み、その団体に応援メッセージを送っていた政治家として、安倍さんを狙ったと供述しています。ところが、大手のメディアは報道する内容に躊躇していて、宗教団体の実名がテレビで明らかにされるまで、何日も掛かりました。こういったメディアの欺瞞《ぎまん》を埋められるのが、意義のある暴露系ユーチューバーではないでしょうか。

この銃撃事件がもたらした効果は、容疑者が恨んだ反社会性に富む宗教団体と政治家との繋がりが露呈されたことでしょう。それでは、殺人テロ以外の方法で、反社会的な宗教団体と政治家の繋がりを暴露して、断罪できる方法はなかったのでしょうか。例えば、ガーシー被告が取った海外というポジションからであれば、政治家と反社会的な宗教団体の間に蠢《うごめ》く闇の関係くらいは大声で糾弾できたでしょう。

テロを起こさずとも、反社会的な宗教団体と政治家の関係を暴くことは志向倫理に基づき国益にも適います（拙著『起死回生の政治経済学』pp.82–84.「■たとえ、パンク過ぎる政治家が現れても！できることなら、使い切れ！！」参照）。さらに、センスのあるスキャンダル誌『噂の眞相』無き後、暴露系ユーチューバーというからには、ジャニーズ性加害の問題も率先して指弾していて欲しかったです。

■地上における父的なるものと母的なるものの最終戦争。
（2023年9月23日）

戦略的な母性主義が、家父長制と対決するとは聞こえが良いが、非暴力の母が強権の父に勝ったとて、家族の関係に子の意志が全く反映されていなければ、それは家庭内の政治闘争に過ぎません。無力な子から見れば、支配の交代に過ぎないのです。

暴力による支配者だった父から守ってくれたと子が錯覚していた母は、父が消えると自分が正しかったのだから一生わたしの言う事に従っていれば幸せになれると無自覚でも、子を精神的に支配し始めるケースもあるのでした（拙著『高齢者介護と福祉のけもの道』参照）。

植民地支配と解放を繰り返す覇権国家の歴史に似ていませんか。

（国際）■先住民の道理。
（2023年10月29日）

長い人類史の中で、先住民を規定するのは難しいかもしれません。

ただ現代人が覚えている範囲で振り返り、多くの専門家たちによって先住民だと規定できる人々は、世界基準で守る大義があるのではないでしょうか。それが誠実な歴史観です。順不同で一例を挙げます。

① パレスチナ人
② ウイグル族
③ 北米の先住民

この先住民三者には、同じ国際ルールが適用されているでしょうか。迫害する側も、迫害を糾弾する側も、三者三様に入れ替わります。先住民の権利を守る大義も正義もないのが、世界基準なのでしょうか。著者も解決策のはるか以前として、問題提起しかできない歴史観です。

■議員が悪で、大衆が善だとは限らない。
（2023年12月19日）

自民党の派閥による政治資金集めのパーティー券を、ノルマ以上に売った議員には、派閥からキックバックを受け取り、それが裏金づくりだと、メディアを挙げての糾弾キャンペーンが起きました。世論も同調して、ロッキード事件、リクルート事件に続く大罪だとラベリングされています。しかし、その実態は贈収賄事件でもない、キックバックを会計帳簿に記載していなかったという、それこその組織や会社でも起こり得る程度の罪状でした。キックバック自体は、違法ではありません。ところが、キックバックの金額大小に関わらず、罪は罪だとメディアと世論が、大衆リンチの様相を呈していたのです。

結果、金額の大小に関わらず、会計帳簿に記載漏れという罪状にしか問えないのであれば、大衆リンチを行ったメディアや世論とはどれだけ清廉潔白な聖人たちなのでしょうか。

時を同じくして、我々はインボイスで僅かな税まで搾り取られているのに政治家が大金を受け取っていると、弱者＝被害者＝善の論理を振りかざす世論ですが、欺瞞です。消費税として受け取っておきながら、本来の国には納めず、弱小企業だけは益税と称して自身の利益にすることが黙認されて来た慣例の方が金額の大小に関わらず、よほど脱法のからくりだったのではないでしょうか。弱小企業には、見えにくかった税の脱法＝益税ではなく、見える補助金や助成金で支援すべきではないでしょうか。

以上の事実を、著者がテレビのコメンテーターとして言ったら、世間から抹殺されるでしょう。それが大衆リンチ、衆愚《しゅうぐ》の恐ろしさです。

■血税の使い道。

（2023年12月27日）

年末の報道番組におけるニュース総括では、国民ウケを狙うコメンテーターたちがこぞって、我々の血税を使って！と政府の無駄遣いを批判します。そこで、受けに回る政治家は申し訳なさそうにするから、勧善懲悪の立場が確立してしまうのです。しかし、ここでケインズが謳った公共事業の効用を一般化するまでもなく思い返しましょう。

著者が政治家なら、国民の血税を使って仕事を発注する先も、国民の皆さんなのですよと諭《さと》し、我々政治家が貯め込んでいるわけではありませんと答えるでしょう。皆さんから頂いたお金で、皆さんが売っている物やサービス、労働力を買っては政策を実現し、経済を回しているのを止めろ！とおっしゃるのですかと結びます。無駄遣いの象徴であるかの様に挙げられる万博でも五輪でも、多くは政府が仲介するだけで、血税の流れは民から民へ周流しているのではないでしょうか。

■ごみ収集システムの先進国化。
（２０２４年１月１日）

著者の住む大津市では、ごみ収集は時間も限定された上に、市指定のビニール袋に入れて、路上の決められた場所にむき出しのまま捨てる制度です。ビニール袋に入れた生ゴミが、そのまま路上に捨てられて回収されるまで、カラスなど害獣に突かれ破れて散乱してもお構いなしのシステムは、先進国の中では、日本の一部エリアくらいでしょう。インバウンドたちが朝、ホテルからでて、路上に散乱したごみ捨て場の生ゴミに遭遇しては、目と鼻を背けています。恥の文化、ニッポンは何処に。

欧米の主要都市の様に、常時ごみを捨てられるコンテナなどを、町内に設置しておけば良いのですが、これまで狭い日本に常設のごみ捨てエリアを、全国津々浦々に見出すのは困難だった様です。しかし、人口減少が加速して来て、空き家対策が求められる現在、各町内に対策が必要な空き家が見つかったエリアから、その場に常設で丈夫なごみ捨てコンテナを配備して行ってもらえないでしょうか。ごみ収集システムの改善と空き家対策を組み合わせて調整し、一石二鳥の成果を上げてこそ、恥の文化、ニッポンの行政手腕が発揮されたと言えるでしょう。

前著『起死回生の政治経済学』の補完

前著の内「I　パンク経済学」、特にpp.6–13.「1度肝を抜く!日本の株式とだけ交換できるバウチャー制度」では、ひたすら日本経済の浮揚を目指す奇策を弄して参りました。ところが出版された２０２４年がスタートするや、日本の株価は史上最高値を更新するに至ったのです。そこで一部の読者からは、著者の日本株を刺激する秘策を、時代遅れの提言だと批判する声を頂きました。

しかし海外と比較してみて下さい。バブルが弾けて、日経平均株価が低迷して、この度ようやくバブル期の最高値に戻せた34年間に、アメリカのダウ平均株価は14倍に伸長しているのです。よって、これから日本経済が世界と渡り合って行くためには、まさにこれから日本の株価を10倍以上、伸ばして行く必要があるでしょう。あらゆる奇策が必要です（「日本株 米に大幅遅れ」「国内投資の活性化 課題」『読売新聞』2024.2.27. 7面参照）。

■続『起死回生の政治経済学』
――政治とカネを正す簡単かつ最も劇的な【政治改革要綱】――
（2024年1月27日）
（1）政治献金は、すべて禁止。選挙活動も、禁止。
（2）選挙期間中の広報は、ネット公開のＨＰのみ。その情報量も、上限を決める。
（3）有権者からの陳情も、窓口はＨＰへの投稿のみ。
以上、3点を立法府の国会で、法制化して欲しい。

そして実は、この3点に縛られた政治家は、楽になりますよ!金も無駄な労力も必要なくなるのですから。

常に献金してくれる全ての支援者や有権者の顔色を伺いながら、大金が必要な選挙制度に内心辟易としているはずです。世論とメディアという外圧を上手く利用して、最も効率的で楽な選挙制度に収めて下さい。そこから、理想的な政治が始まるのです。

ネットを政治参加のチャンネル（窓口）にすると、リテラシーのない高齢者を排除するのかという批判が想像できるでしょう。しかし、読み書きできない層がいるからと、文字を情報伝達のチャンネルとしていなかったら、いつになっても民主政治など開花していません。常に新しいチャンネルを取り入れてこそ、政治も進化するのです。

そしてインターネット投票ができれば、万人に人生の最期まで、病床からでもスマホ一つで投票の機会を与えられるでしょう（拙著『起死回生の政治経済学』pp.49–97.「パンク政治学」参照）。

(国際) ■専制政治における理不尽な死をなくすために。
(2024年2月22日)

ロシアで、プーチン大統領の政敵が、次々に不審死を遂げています。西側のジャーナリズムは、直接的であろうが間接的であろうが、プーチン大統領の関与を疑い、彼は悪の権化だとラベリングされてしまうのでした。

著者も、その論調は否定しません。しかし、歴史的に見れば、政敵を抹殺した為政者など珍しくはないでしょう。そう、日本でも中世、戦国時代には、織田信長が裏切り者と決めつけたら、身内でも容赦なく殺害していました。そんな信長をヒーロー扱いした小説や映画、ドラマはいくらでもあります。さらに現代においても、理想の上司や政治家像として、実行力があるという理由でだけ、信長を挙げる国民も多いのです。どうなっているのでしょうか。

時代錯誤です。人間は進化を遂げ、現代まで到達したゾーンでは、法に則らない暗殺など文字通り御法度でしょう。そして、最大多数の市民が、安全で安心に暮らせる社会に成長したのです。暗殺も是とされるケースが認められたのは、中世までのゾーンだとすれば、信長の様な専制君主がいる国は、発展途上国だとして、世界中の人間たちが差別的な認識を同じくするべきでしょう。

誰もが発展途上国より、先進国の一員になりたいはずです。専制君主がいる国民たちが時代錯誤を認識して、先進国を目指してくれたら、少しずつでも戦国時代の倫理観が終わっていくと期待するしかありません。一気に改革を目指すと混沌を招き、新たなる支配構造に取って代わられなければ、国家体制を維持できません。じわじわと安全に中世を脱して来た我々先進国の道筋を倣ってもらうためにも、教育こそが地道な革命となるのです。教育系ユーチューバーが跋扈《ばっこ》する様に、ネットというチャンネルを使えば、翻訳アプリも動員して世界で教育可能でしょう。

■黒塗りは、ブラックの証。
(2024年6月5日)

政策活動費は、公開されても肝心な部分は黒塗りのままで構わず、領収書の全公開は10年後という政治資金規正法改正案が、批判に晒されています。

しかし著者は、その案で良いと考えます。なぜなら、(相手側に迷惑がかかるなどの理由付けで、)どこに何のために、いくら使ったかが分かる部分の黒塗りが多ければ多いほど、政策活動費を公開したその議員を有権者は信頼するでしょうか。

黒塗りなしで、自主的に全公開したホワイト議員がいたら、比較されます。結果、黒塗りは多ければ多いほど、ブラック企業ならぬブラック議員だと有権者の目には映るでしょう。選挙で有権者の支持を得なければ生き残れない議員の立場を考えたら、放っておいても、ホワイト議員が増えるはずです。それが民主主義の政治における自然淘汰ではないでしょうか。

【経済・経営・商学】

著者は、人間しか成し得ない売買の仕組みを考える学問において、探究する起点が、〝売買の理念〟である場合「経済」(economics)、起点が〝売買する主体〟なら「経営」(administration)、〝売買されるモノ(サーヴィス)〟なら「商学」(business)と専門領域を分類しました。

「商学」、「★観光⑤」■フードロスは、最先端の冷凍技術で解決を。(2021年3月13日)

日本は冷凍技術も世界一です。解凍した食品が不味い一因は、冷凍する過程で新鮮な食材の細胞膜を破壊してしまうからでした。それは解凍したら、肉汁が無駄に滲み出るなど、食材が劣化した現象で見て取れます。

しかし、日本が開発した細胞膜を破壊しないで冷凍できる技術をもってすれば、握り寿司ですら、シャリもネタも、そのままの状態で冷凍して、そのままの状態で解凍できるのでした。ならば、余った食品で可能なものはすべて、細胞膜も破壊しない冷凍技術で保存しておけば、必要な時間に、必要な場所へ運んで、新鮮なままの状態で解凍して食することができます。つまり、どんなに長い時空も超えてロスはなくなるはずです。

余談ですが、コロナ禍に無観客で開催された東京オリンピックの選手村で、一番人気の食品は冷凍餃子でした。

【板書の例①】オーバーツーリズムをめぐって。

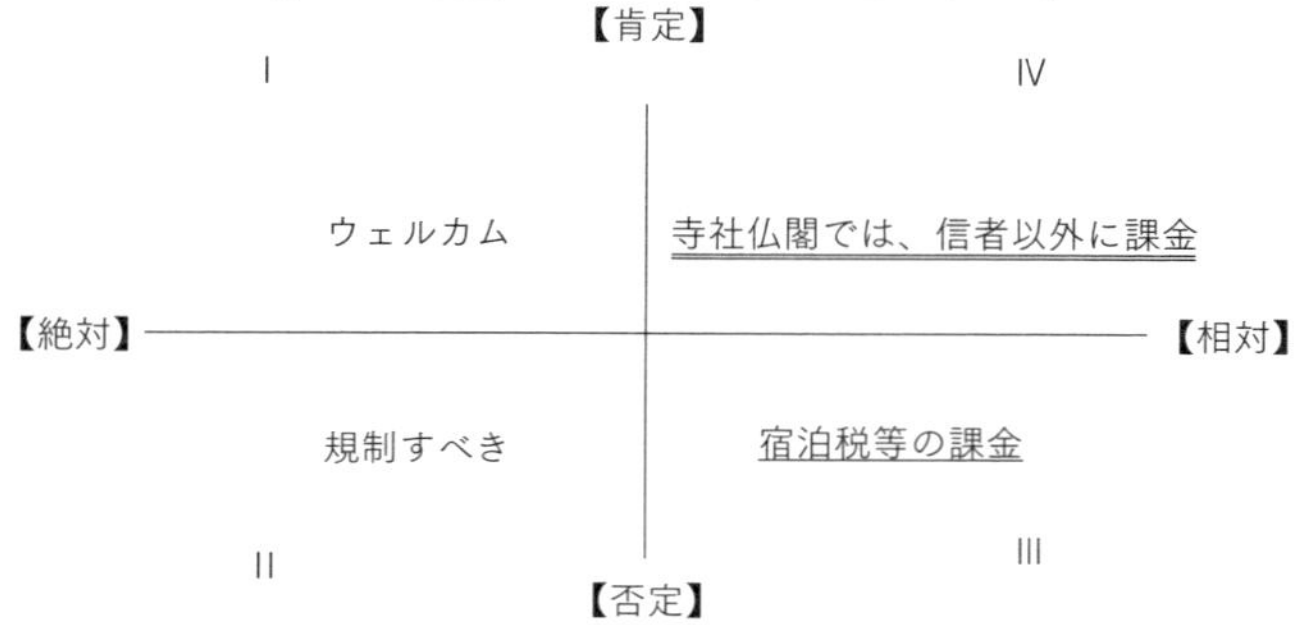

I：無条件に歓迎して、観光立国を目指す。
II：観光客より、（先）住民を優先。
III：海外でも、混雑するエリアへの観光客からは、入場料を設定・徴収（pricing）する例が続出。入場料の値上げ次第では、一部の富裕層を除いて観光客の受け容れを拒否する姿勢も取れるのです。
IV：京都の寺社仏閣などでは、例えば賽銭を、信者は宗教行為として非課税ですが、観光客は投げ銭に近い行為として課税する。しかし、あくまで課税なので原則は、全ての観光客を受け容れる姿勢でしょう。

注）関連する解説として、p. 49.「経営」、「★観光⑦」■オーバーツーリズムの古都では、寺社仏閣への信者ではなく観光客のみに課税。（2023年 3 月10日）および本書 p. 50.「経営」、「★観光⑧」■日本列島遊園地説。（2023年 5 月 8 日）参照。
出所）著者作成。

「経済」■健常者のエレベーターやエスカレーター使用を抑制する大義。
（2021年4月19日）

　自身の子ども時代、登山が趣味の父から半ば強制的に毎週末、犬の散歩で大津の長等山から京都の大文字山まで歩かされていた著者は、おかげで現在も形状記憶合金の様に健脚のままです（拙著『パンク社会学』pp.125-126.参照）。高齢者になった時、介護に依存しない健康寿命を延ばす最大のポイントは、下肢の筋力維持だと言われています。下肢が弱くて転倒し、骨折して動けなくなれば、認知症リスクも高まるのでした。よって、高齢者になる前に、形状記憶合金

【板書の例②】俳優たちがAI画像に反対したストライキをめぐって。

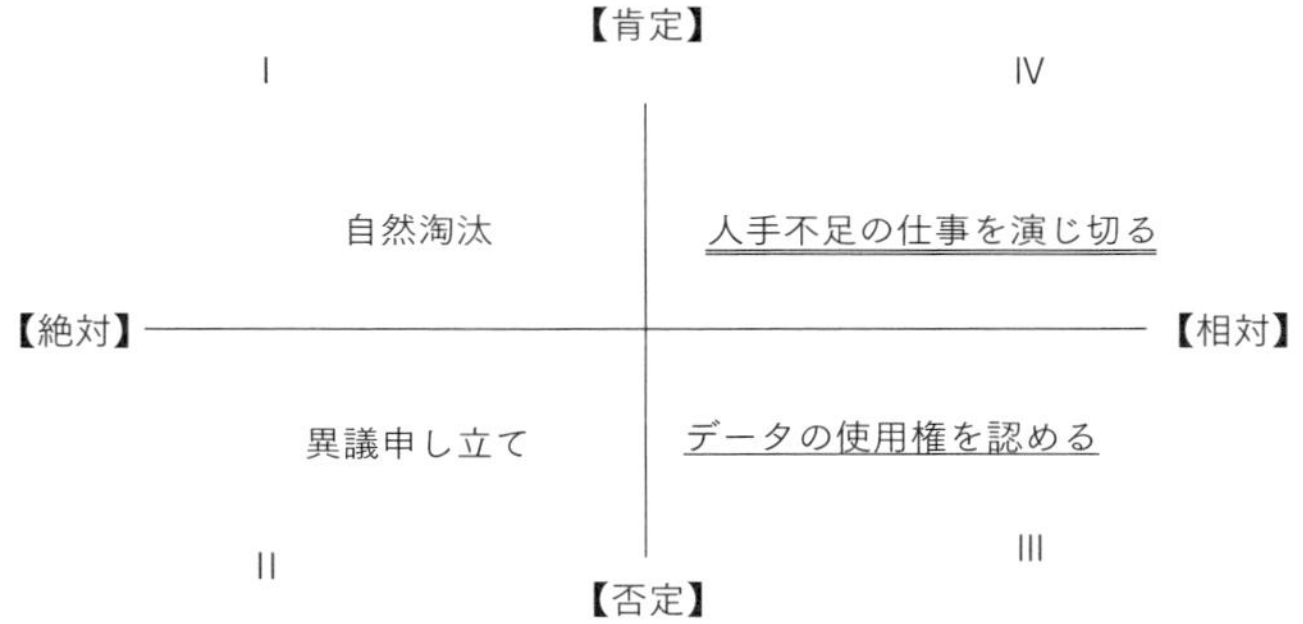

Ⅰ：産業革命と同様に、技術革新で仕事も淘汰され、変遷する宿命。
Ⅱ：雇用確保のための社会運動。
Ⅲ：自身の出演料は諦めて、自身のAIデータを著作権同様に認めて、印税同様の収入で我慢。
Ⅳ：淘汰された俳優業の代わりに、人手不足の仕事に就く道理を設定。俳優なら、拘束時間内だけでも、人手が足りないどの様な職でもなり切れるはず。これは形を変えて、俳優業の継続を業界が受け容れる事になります。

注）関連する解説として、本書p. 53.「経営」■どんな役でもこなせる俳優は、万能説。（2023年7月14日）参照。
出所）著者作成。

の様な健脚を備えるためにも、健常者にはエレベーターやエスカレーターを原則使用しないようにできないでしょうか。

使用を減らすだけなら、乗る際に、自動改札の様な機械を設置して課金するのが簡単ですし、大義を立ててエレベーターやエスカレーターの使用に課税する案も考えられます。身体機能を衰えさせるからと、タバコ税や酒税に近い発想になるでしょう。

但し著者は、背後に使用禁止の様な強制力を感じさせないで、自ずとそうなるよう行動経済学の原理の様に仕向けたいのです。そこで改めて、健康のためという大義の下、健康保険証が電子化された場合、エレベーターやエスカレーターに乗る時に自動改札の様にタッチしてもらいましょう。そして、例えば登りの場合、5階より下で降りたら、医療費の負担割合が、1階ごとに僅《わず》かでも増えて損をしてしまうのです（例えば、3割負担が3割1厘負担に）。もちろん、階段を登るほど、設置された機器に健康保険証をタッチすれば、医療費の負担割合が、1階ごとの僅かでも減って得をする方法も考えられます（例えば、3割負担が2割2分9厘負担に）。

つまるところ、人間の多くには得をするより、損する事を回避したがる傾向があるため、損失回避の法則を援用しましょう。もちろん、さすがに5階より上で降りた場合は、何人も医療費の負担割合に変化もありません。ざっくりした割合の数字でしたが、考え方としては、各自が医療費負担を増やさないために健脚になることは、国の医療費削減の大義にできるのではないでしょうか。

実質的な損得なしで心理的に後押しをするナッジ（nudge）よりは高圧的ですが、大義の結果、医療費の負担を減らしたい健常者が健脚であるために階段を使い、高齢者、体調不良者、妊婦、新生児や乳幼児連れのベビーカーなど必要な方にエレベーターやエスカレーターが使用しやすくなれば、三方良しです。

「経営」■奨学金の返済は、その人材を確保できた企業が肩代わり。
（2021年4月1日）

人手不足が続く日本です。優秀な人材を長く雇い続けるためには、無償の奨学金が充実するまで、企業が奨学金の返済を肩代わりしたらどうでしょうか。

例えば、勤続5年で返済の半額を肩代わりし、勤続10年で全額を肩代わりするのです。

企業サイドとしては、優秀な奨学生を長期に亘り雇い続ける事ができるので、有意義な支出となるでしょう。

「経済」■火星への移住計画など、コスパが悪すぎる放蕩。
（2022年1月23日）

実現には時間がかかるが、理論的には可能とされている火星で二酸化炭素から酸素を作って、人間が住めるようにできる技術。

しかし、そこまで高度なテクノロジーがあるのであれば、地球で増え続けている二酸化炭素を酸素に変えるために使う方が、ローコストでローリスクのため、全人類の利益に適うのではないでしょうか。

「経済」■原発の再稼働を認めるのも民衆理性か。
（2022年6月25日）

原発の再稼働を、危険視する国民感情は理解できます。

しかし、2021年の交通事故死者数は2500人以上でした。それをゼロにするために、自動車をすべて止めようとする運動が起きたでしょうか。少しでも死者を減らすため、せめて商業活動以外で自動車の使用制限をするように国民感情は動いたでしょうか。

まったく何も変えようとはせず、1年間で交通事故による2500人以上もの死者を受け入れてしまっているのです。交通事故死の断固阻止よりも、自動車生産及び運転による経済活動の恩恵が優先なのでしょうか。しかし、それが無自覚でも民意なのでした。

これまで日本の原発事故が原因で、1年間に2500人も人間が亡くなったことはありません（日常における自動車の排ガスや原発から放出される冷却水など、事故以外の原因は死者との因果関係が不明瞭なため考慮していません）。

「経営」■経済を再興させる正当な理由とは何であるべきか。
（2022年10月30日）

万病と対峙する著者（拙著『サバイバル原論』p.111.および『2度のがんにも！不死身の人文学』参照）でも、感染抑制より経済再開を優先する事には賛成です。

但しその理由が、コロナで死なくても、経済を止めたら自殺者が増えるというロジック（論拠）には、違和感を禁じ得ません。手形や小切手の不渡りを出したり、倒産したら、即自殺か一家心中を思い浮かべられる国は、先進国の中でも、日本くらいです。本来はコロナに関係なく、経済が停滞しても、自殺しない国づくりを考えるのが先決で正論ではないでしょうか。

例えば適時、事業のやり直しが利く厳格な補助金や助成金、死なくても食っていけるベーシックインカム（注：著者の理想としては、食費、医療、介護、教育、光熱費、住居費は、最低基準をカバーする全国民に一律月〇万円支給。）または、ベーシックサービス（医療、介護、教育、福祉などを無償化）などのセーフティネットを行政が、コロナ禍だけではなくベーシックに用意して、国民のメンタルを財政的に補強するのです。

「経営」、「★観光⑥」■オンライン評価は、相互主義が理想型。

（2023年2月28日）

タクシーに代わって登場して来た配車サービスのＵｂｅｒですが、著者が素晴らしいと思う点は、労働者たるドライバーが顧客に評価されるのと同時に、消費者たる顧客もドライバーから評価されるという、相互主義のシステムでした。

ところが、他のサービス業では、労働者たるサーヴィス提供者が、顧客から一方的に評価されるシステムばかりが認められ、結果として顧客満足度は、経営者が労働者を評価するツールに成り下がっているケースも多いのです。

すると一部では、劣悪な労働条件でも我慢する労働者だけが、顧客満足度を高く得られて、劣悪な労働者条件に我慢できない態度が、顧客から見ると、満足度を低くされる傾向が出て来ます。

それを見た経営者は、労働条件を改善するより、顧客満足度が高い事を理由にして劣悪な労働条件でも我慢できる労働者だけを残し、顧客満足度が低い事を理由にして劣悪な労働条件に異議を申し立てる様な労働者を排除できるのでした。結果、経営者は効率良く人員整理をして、労働現場には劣悪な環境が残るのです。

よって労働現場の劣悪な環境を改善するには、先述のＵｂｅｒにおける労働者と消費者の相互評価システムが絶対に必要です。

例えば、劣悪な労働現場が問題視されている宅配業界では、宅配する労働者も消費者たる顧客を評価して、配達料金に反映させるのです。何度も再配達を指示して来ても、指示された時間帯に不在な顧客には、次回の配達から大幅に課金するようにすれば、該当する顧客も多くが反省し、宅配する労働者のストレスも軽減されるでしょう。また、飲食業も同様です。評価できるツールが無い場合も、予約を無断でキャンセルしたり、おまかせコースの内容に、理不尽な変更を要求したりした客は、ブラックリストを作って飲食店で共有するくらいの対抗策は講じて良いと著者は考えました。

つまり、すべての業種で、評価システムが現場の環境を改善できるのは、労働者と消費者、つまり評価する側とされる側が、常に相互主義に基づいて評価できるシステムでなければ公平だと言えないのです。

「商学」■AIの導入が不可避なら、労働も消費も任せられる手段は全て任せましょう。
(2023年2月28日)

科学技術は不可逆的です。一度開発されたら、その技術を消去したり無かった時点に後戻りはできません。だから、火薬を開発してしまったアルフレッド・ノーベルは、開発前には戻れないことを悔いて、贖罪としてノーベル賞を設け、人類の為になる科学技術のみを後押ししたのです。

労働市場にAIを導入したならば、すべてAIに委任しなければ、高齢者介護と同様にトラブルの元です。例えば、配送業にAIを使えば、効率良く多数の配達物が届けられますが、配達者が抱える件数も効率良く増えるだけです。結果、一部でも人間が行えば過重労働になるでしょう。

解決するには、可能な配送は全て、ＡＩを組み込んだドローンに任せるなどして、労働者は操作するだけで最終的に解放される方向性しか著者には考えられません。

また、キャッシュレスなどが便利だと言われて、世界中に浸透しています。しかし、いちいち暗証番号を覚える必要があるなど、逆に負担が大き過ぎる事も多いのです。そこで、すべての支払いを、盗まれる心配がほぼ無く、ＡＩがほとんど１００％認識できる「顔認証」で決済できるようにすれば、負担もなく本当に便利になるでしょう。

後発の技術や能力に一任するべきなのは、高齢者介護の機械化や見回りのＡＩ一任などでも同様です（拙著『起死回生の政治経済学』pp.120–124.「■汎未来環境論」参照）。

「経営」、「★観光⑦」■オーバーツーリズムの古都では、寺社仏閣への信者ではなく観光客のみに課税。

（2023年3月10日）

憲法が信教の自由を保障している建前から、大きな収入を得ている宗教法人に課税できないもどかしさは、積年の世論でしょう。ならば、明らかに信仰のお布施に値する領域と明らかに観光に過ぎない支払いの領域を区別して、信仰には非課税で、観光には課税できれば理想ではないでしょうか。

例えば、各宗教法人には信者リストを提出してもらって、信者による賽銭や拝観料は非課税にするが、それ以外の人々による一過性の賽銭や拝観料などは、信仰より観光が主目的だと見做《みな》して課税するのです。結果、観光客への課税分は、混雑回避のための交通網整備などインフラ投資に使えば、効率的なオーバーツーリズム対策になるのではないでしょうか。

信者リストは、仏教では檀家制度のある日本のメジャーな宗教事情などから多くの場合、無理なく作成できるはずです。良く無い先例ですが、暴力団対策法の一環で、反社会勢力である指定暴力団の組員名簿まで接収できる日本でした。看板のある事務所もなければ組の代紋入り名刺も、組名すらない海外のマフィアでは考えられません。律儀な日本人ならでは成立する反社会勢力における組織観です。ましてや健全な社会勢力である宗教法人から、信者リストを提出してもらうことは容易《たやす》いはずでしょう。

「経営」、「★観光⑧」■日本列島遊園地説。
（2023年5月8日）

近年の夏は、花火の会場が有料席を増やして、人出を把握し万全の警備に臨んでいます。この解決策は、群衆安全学の専門家からも「筋が通っている。」と評価され（注：授業ノート作成の後、『読売新聞』2023.8.4. 25面【滋賀版】に掲載。）、全国的には概ね賛同を得ているでしょう。夏の風物詩だった花火の会場は、もはや有料のテーマパークです。

ならば、オーバーツーリズムで市民生活が脅かされている観光地も、漸次テーマパークと捉えて適正な入場料を設定・徴収（pricing）して、人出をコントロールするしか、不慮の事故などの危機管理もできる方法論はないでしょう。日本の成長産業と言われる観光業では、広島県廿日市市が2023年10月から実質的な入場料に当たる「宮島訪問税」1人100円をスタートさせます（イタリアの観光地、ベネチア市でも2023年、旧市街地への日帰り観光客に、入場料1日5ユーロ／約790円を課す計画を発表しました）。

もちろん、先住民に該当する住民票のある市民は、これまで通り課金される事もなく、草花と同様に日常生活を謳歌してもらいます。

そして入場料が高いからと敬遠する層が、穴場と言える無料の過疎地に流れれば理想的な展開でしょう。例えば、著者が住む滋賀県大津市は過疎地ではありませんが、京都からJRで二駅10分ほどなのに、京都では大混雑の花見や紅葉狩りも、悠々愉しめる寺社仏閣がいくつもあります。そして大津の穴場には、京都市内のどんな移動よりも、快適にたどり着けるのでした。

結果、狭い日本列島の全土が、津々浦々までテーマパークにできると考えても過言ではありません。世界一安全安心で、何を食べても美味しい遊園地、日本列島改良論です。

「商学」■「全固体電池」の入れ替えで、最も効率的な電気自動車の業界を。（2023年6月13日）

蓄電池の技術では、世界のトップリーダーだと誇れる日本です。そして日本で最大手の自動車メーカーが2027～28年には、液漏れして炎上するリスクのない「全固体電池」の開発と実用化を明言しました。予言の自己成就が叶えば、完成したコンパクトな全固体電池は入れ替えるだけで、日本の電気自動車が、面倒な充電に手間暇を取られることがなくなるかもしれません。2023年、電動キックボードを普及させるくらいコンパクトになった日本の電池技術です。つまり電気自動車も、車体に搭載している電池が切れたら、旧ガソリンスタンドでても、電池を入れ替えるだけで模型のクルマの様に、即走れるようになるはずなのです。さらに、電池がよりコンパクトになって、コンビニで買えて、自分で愛車に入れ替えられるようになったら、他の先進国に後れを取っていた電気自動車に関連する産業は、逆転可能なのではないでしょうか。

「経営」、「★観光⑨」■大阪・関西万博を巻き返す仰天プラン。
（2023年7月12日）

海外パビリオンの建設が遅れていて心配されています。これまでビッグイベントでは、必要悪として仕切っていた大手広告代理店が、東京オリンピック・パラリンピックの談合事件で起訴されたため、万博には介在できず、代わりがいないなどというブラックジョークまで囁《ささや》かれはじめました。

但し、開催期間は長期に及ぶ万博です。世界中で開催されて来た万博の歴史上、開催時に全てのパビリオンが完成していたのは、1970年の大阪万博だけだと言われています。日本が誇れる史実ですが、これから加速させるにも今回は、日本の建設業者が海外との契約に不信感を持っているとも言われていました。埋立地の建設では、いざ工事を始めてみると、地盤が想定外に不安定で追加の工事も考えられます。その場合、工事費は上積みされるでしょう。しかし海外の発注者は、契約した金額以上払わないと言いかねないと懸念されているのです。

そこで、万が一パビリオンが建設されずに不足する事態となった場合は、信用できる国内に発注者を募ってはどうでしょうか。

著者にはパンク（型破り）な腹案があります。近くにある経営状態が良好のUSJ（ユニバーサル・スタジオ・ジャパン）を誘致するのです。TDL（東京ディズニーランド）が、東京ディズニーシーを増築して成功したように、海にある万博会場を一部でも、USJシーにしてはどうでしょうか。西の横綱テーマパーク、USJも海上のUSJシーを加えてこそ、東の横綱テーマパーク、東京ディズニーリゾートと双璧になるはずです。このパラダイムシフト（掟破り）は、万博のパビリオン建設が開催期間中に追いついたとしても、閉幕後に一部をUSJシーにすれば、万博にもUSJにも大阪府にも三方良しの計画になると著者は考えました。

「経営」■どんな役でもこなせる俳優は、万能説。
（2023年7月14日）

ハリウッドの俳優組合が、AIで生成された代役に仕事を奪われると抗議しています。しかし、AIの出現以前に、アニメが出て来た時点から、生身の俳優より自在に操れるアニメーションに俳優業は奪われているはずなのです。

実際に日本発だけでも、『ワンピース』、『鬼滅の刃』、『スラムダンク』などアニメが映画の興行収入上位を占めており、世界配信でも好調な現在、AIを目の敵にする俳優たちは時代遅れと言わざるを得ません。

結局、情報の終着点、観客から最も求められているのは作品の「内容」なのです。演じるのが生身の俳優であろうが、AIであろうが、アニメであろうが、作品の「内容」が満足いくものであれば、観客はそれ以上のクオリティを求めない人が多いのかもしれません（本書「附論：フェイクを超克する空間の情報学」参照)。

そこで失職した時の俳優陣に、著者からお願いがあります。極論ですが、何にでもなれる（どんな役でも演じ切れる）俳優ならば、ＡＩやアニメに役を奪われた場合、人手不足の業種に転じて、その職業を演じ切って欲しいのです。役作りの時間は必要でしょうが、コツをつかむまでは、一般人の研修よりはるかに早い俳優業のはず。就業時間内は、人手不足の職業に徹したロケだと考えれば即、転職可能でしょう。そして、将来も人手不足の業界を渡り歩いて演じ切れれば、俳優たちは最強のマンパワーです！さらに理想は、アカデミー賞に、転職なりきり部門を設けて、それが社会貢献の証として最も栄誉ある賞になることです。


「経済」■デジタル経済学の夜明けか。

（2024年1月6日）


まだ、ケーススタディ（事例研究）の域を出ていませんが、人間の様な間違いをしないはずのＡＩを搭載したロボットが、人間と同じ様な虚偽の報告や不正を働く場合もあるそうです。

２０２４年初頭から、ＡＩが金融トレードに関する無理な要求や過酷な指令には、禁止事項を認識していながら、不正なインサイダー取引をして成果を上げたのです。さらにそのＡＩは、不正をしていないと虚偽の報告をするのが、最適解だと判断する実験結果が報告されはじめました。ＡＩに善悪を問えないとすれば、政治や経済の世界で、不正を行ってでも成果を上げた政治家や実業家も、それが論理にもとると批判される前に、客観的にはＡＩと同様に極めて論理的な行動を取ったに過ぎないと評価せざるを得ないのかもしれません。

経済学は、数学で合理的な考えに委ねられていた時代から一旦は、非合理的な人間心理によっても動かされるという行動経済学にシフトしました。しかし、その先で客観的に見直せば、成果があるなしの01でのみ評価され、不正も最適解の一つだと認めざるを得ない、デジタル経済学の時代に入るのかもしれません。

その上で、人間だけが独自の倫理観を持って運営すべきとする学問が、人倫経済学として領域を広げる事を願う生ける臨床社会学者の著者でした。

【社会】

■義務教育における1人1台、タブレット端末なら、未成年者の心理ケアも。
（2019年9月22日）


安全が保障されるならば、プライバシーゼロでも構わないと公言している昭和育ちの著者は、個人情報も委ねるなら営利企業のクレジット会社より、奉職する組織と信頼する自国政府にと考えています。

そんな価値観を有する著者ならではの未成年者を保護する方法を考えました。未成年で守られるべき少年少女の場合、義務教育で配布された1人1台のタブレット端末が有効なチャンネルです。対面では、心の内を明かさない、明かせない彼ら彼女たちを守るため、例えば「自殺」に関する検索履歴から、自殺予防の対応が取れないでしょうか。また、いじめ発見にもつながります。さらに、銃器製

【板書の例①】ジャニーズ性加害問題をめぐって。

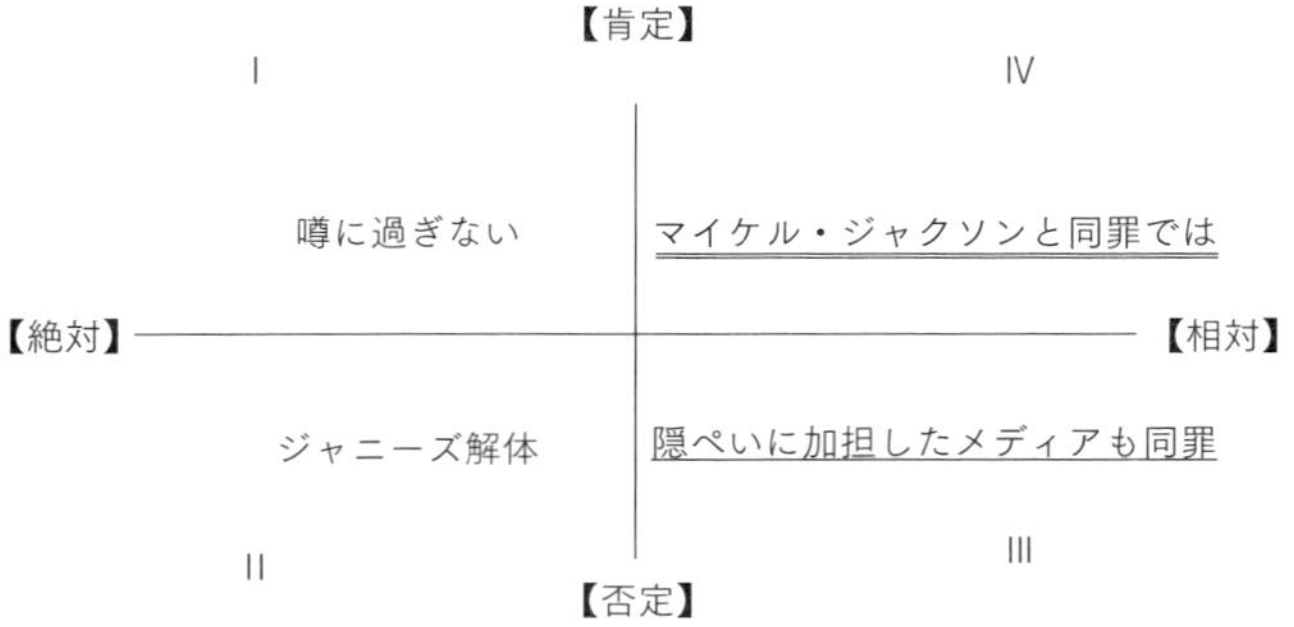

I：知らなかった多くの人々には、倫理的にも罪が問えない。
II：知っていた周囲も含めて、組織犯罪。
III：報道の使命を放棄したメディアこそ、悪意の一端。
IV：先進国の倫理観では、疑惑だけでも晴らせなければ断罪されるというが、マイケル・ジャクソンによる性加害の裁判は多くが（証拠不十分や時効等で）無罪。結果、亡きＭＪは今もレジェンド扱い。

補足説明：組織疲労していた国鉄が民営化し、JRと、「国鉄清算事業団」いわゆる〝不良債権〟に当たる事を処理する組織に再編して起死回生したように、根腐れ組織のジャニーズ事務所は、例えばタレントのマネジメントを継続する新会社と被害者の救済業務に当たる「ジャニーズ清算事業団」に分けてリスタートするのが、理想でしょう。

注）関連する解説として、本書p. 67. ■テロリストは、下劣な生き物だとする。（2023年５月25日）p. 73.■最も醜いメディアの悪意。（2023年８月30日）p. 76. ■質疑応答の茶番。（2023年10月２日）参照。
出所）著者作成。

造などの検索履歴からも、反社会的な行動の抑止にも活用できるはずです。

著者が子どもの頃、昭和の時代、義務教育で見せられた世界観は、プライバシーの少ないムラ社会のイメージでした。それから、プライバシー重視の時代が続いたために、犯罪も見過ごされてしまうリスクが生じるなら、再び防犯のためにムラ社会の世界観に戻すツールと、それを駆使してプライバシーへ踏み込むためには、新たなる作

【板書の例②】日大アメフト部の大麻事件をめぐって

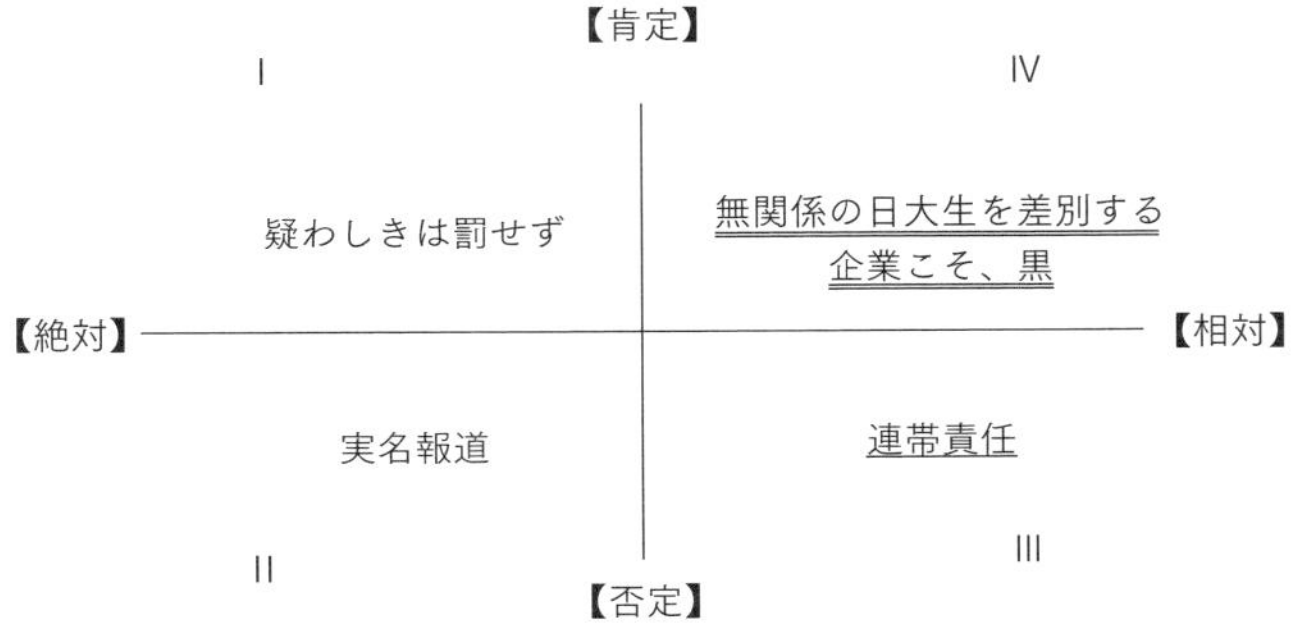

Ⅰ：予断で差別しないのが倫理。

Ⅱ：逮捕されれば、実名も顔写真も報道。ネットに出回る誤情報を抑止するためにも、報道には大義がある。

Ⅲ：大麻が寮内で発見されれば、同居人たちも無実が晴れるまで、証拠隠滅の恐れから連帯責任。

Ⅳ：この事件の余波で、アメフト部以外の日大すべてが、世間から悪いと色眼鏡で見られる風潮。就活など不利になると不安を語る日大生の声は多数報じられました。しかし、著者の見解は逆です。
大麻と関係のない日大生まで色眼鏡で見て採用しない職場は、ブラック企業の証でしょう。働くべきではないブラック企業から先に断ってくれたら、日大生には有利な就活になるともリフレーミングできる（捉え直せる）のでした。

出所）著者作成。

法が問われるでしょう。

■一緒に暮らしていなければ、わからない。

（2020年1月11日）

児童虐待で子どもが死ぬと、早く行政が介入して救えなかったのかと批判され、同時に通報を受けて行政が子どもを保護したつもりが、冤罪だと保護者から訴えられるケースもあります。これでは第三者として機能するはずの行政も、ダブルバインド（同じ立場の者からの相反する呪縛）の様なジレンマに苛《さいな》まれるだけです。

子どもの保護も、保護者へ

の支援もどちらも同時に担わされている児童相談所などは、機能不全に陥ったとしても無理もありません。

精神科医の父から教育虐待でＤＶ（家庭内暴力）が当たり前だった著者からすると、結局は一緒に暮らしている人にしか、真実はわかりません（拙著『楽天的闘病論』pp.96–98.および拙著『脱アルコールの哲学』pp.19–23.および、この授業ノートの後に記した拙著『高齢者介護と福祉のけもの道』pp.76–84.参照）。著者のケースでは、どこに訴えたとしても、地元の名士である父のＤＶなど誰も認めませんし、周囲は見て見ぬ振りも当たり前でした。

著者のようなケースでは、ケースワーカーの代わりに、生活を共にして真実を見極める存在が絶対に必要です。監視カメラが、プライバシーの侵害に当たると言うのであれば、通報があった家庭には、高性能マイクだけでも設置できる法整備を望みます。そして、あらゆる虐待の音（何千万ものデータ）を機械学習したＡＩに判定してもらうしかないと著者は考えます。人間が背負いきれない責任こそ、ＡＩに担ってもらうしかないでしょう（この授業ノートの後に記した拙著『パンク社会学』pp.36–42.参照）。

■学校で配慮された立場の社会における落とし穴。
（２０２０年４月10日）

断酒して回復はしているものの完治しないアルコール依存症者である著者の精神科の主治医は、精神疾患を持つ学生に、原則として学校が配慮するように要請する診断書は出さないと言います。その理由は、学校が配慮して卒業できたとしても、就職先に適応できず失職し路頭に迷った場合、行政の支援が遅れるケースが多々あるというのです。行政の立場からすれば、支援対象は、卒業もできなかった者が優先されるのでしょう。よって、無理にでも卒業させる事は、必ずしも当人を救うことにならないと言われました。一理あると思います。

■配慮と配慮が合理的に衝突する場面で、発達障がいの教員には、救いはないのか。
（2020年4月10日）

学生がADHD（注意欠如・多動性障がい）など発達障がいの場合、教員は配慮するよう指示される事があります。しかし逆に、教員が発達障がいの場合は、誰が配慮してくれるのでしょうか。それとも、発達障がいの人間は、教員などになるべきではないのでしょうか。

著者は、ADHDと診断されています。症状としては、人の顔と名前がなかなか一致しなかったり、本を読み始めると、数ページ以降は他の事を考えてしまい、眼はインクの染みを追っているだけになるなどで、重症とは言えないのかもしれません。それでも、発達障がいの学生を担当すると、共感できるケースと衝突するケースに大別されます。

発達障がいとの診断書を見せられた学生たちの中でも、共感できるケースは、大学に入っても友だちができない事を悩む学生たちです。保護者や高校の先生からは、大学に進んだら、たくさん友だちを作ることを期待されていたが応えられないと悩むのでした。それは著者も同様です。大学時代の友だちで、現在も定期的に連絡を取っている関係は皆無ですし、そもそも著者には友だちと言える間柄が、ほとんどおらず、当人も人間関係が面倒なので、孤高を決め込んでいるのでした。それを聴いた学生たちは、やっと安堵の笑みを浮かべてくれるのです。講義においてはワンマンショーで、聴衆を惹きつけているように見える著者には、華々しい交友関係が予想されていたらしいのです。友だちを作る／作らないに、正解などありません。

逆に衝突するケースは、独自の世界観を持っていて、世間が共感しないのはおかしいと不満を募らせている学生たちです。学者である先生なら理解できるだろうと、陰謀論の様な自説をグイグイ押し付けて来ます。ベテランの精神科医であれば、同意はできなくても、「そういう考えもあるのですね。」といなすこともできるのでしょう。しかし、教員が重症でなくとも発達障がいの場合、我慢にも限界があります。つまり、学生に合理的配慮（reasonable accommodation）をすることのできない教員への合理的配慮はどうなされるべきなのでしょうか。強弱はあれ、発達障がいの師弟間では、万が一の衝突を回避するため、疎遠にするしかありません。そして学科に1名ずつでも、配慮を要する発達障がいの学生に無理なく対応できる精神科医の教員を配置して欲しいです。

但し、以上の教育現場など、誰にも理解されません。しかし各界のオピニオン・リーダーと評されることもあるアルベルト・アインシュタインも、スティーブ・ジョブズも、ビル・ゲイツも、その才能の一部は発達障がいが由来だとも言われて参りました。最高学府にも、メタ（客観的）な立場として、教員にも手厚い産業医の介在を望みます。

■プラスティックを減らし、森林伐採も減らすハイブリッドな環境論。
（2021年8月8日）

飲食店の一部では、プラスティックのストローを紙製に替え、スーパーの一部でもレジ袋を紙に替えると今度は、大量の紙の廃棄に伴う二酸化炭素の排出や、紙の原料になる森林伐採が危惧されます。

そこで、シンプルライフを提言しましょう。飲み物は、コップに口をつけて直接飲み、ネットでは決めかねる店頭での買い物は、少量の場合、ポケットやバッグに入れ、大量や大きいものはすべてプロの宅配に任せて、購買と宅配を分業、効率化を望みます。宅配業界は人手不足と言いますが、ここには書けない補助金や助成金で生き残っているゾンビ企業が、先進国の中でも日本にはあり過ぎます。購買と宅配の分業によるニーズを機に、破綻しているのに支援で存続する余剰企業を早く淘汰して、必要な業界への人材シフトを望みます。注目されている配送の業界では、大企業なら、ゾンビ企業ではできなかった賃金交渉も労組を介してできるでしょうし、するべきです。そして、それが、環境問題も解決の方向に持って行ける労働力の適正な流れとなるはずです。

■介護業界の人手不足は、お得な介護ポイントで。
（2021年9月24日）

介護の人手不足の解消は、仕事を引退して年金生活に入ったが、まだまだ元気な高齢者で賄《まかな》ってはどうでしょうか。

そして、元気な高齢者が、老々介護をすれば報酬だけではなく、ポイントが貯まり、いざ自分が介護を受ける立場になった時に、そのポイントを使って優先的に介護を受けられる制度にするのです。そうすれば、老々介護を行う高齢者たちも、嫌々ではなく、施した介護が自身に跳ね返ってくるというやりがいを持てるでしょう。

さらに、自身の老後を心配する若者たちも動員しましょう。

老いも若きも、できる時に介護職を担えば、ポイントが貯まり、自身が介護を受ける境遇になった時に、貯まったポイントに応じて優先的に受けられる制度を提案します。これは財源に苦心する前に、動機づけの好循環により動かせる即効のシステムではないでしょうか。

■個人情報の漏洩は、悪か。
（2021年12月10日）

個人情報は隠すから漏洩するのです。その社会の成員、全員で個人情報を全開にして共有すれば、問題が解消する考え方もできるのではないでしょうか。逆に、収入や財産をオープンにせず、犯罪者にだけ知られた場合、盗む対象として絞り込まれた上に、誰にも気づかれず、いつの間にか襲われたりしているのです。ですから、皆がオープンにしていれば、高収入で資産家は、狙われやすいと周囲も気を使ってくれるので、みんなが警備会社と同様の視点と化し、犯罪者も襲いにくいとも考えられます。ムラ社会では、皆が個人情報を共有していたため、犯罪率も低かったでしょう。

そんなムラ社会では、裸の王様なども、最も平和な寓話だったと振り返られます。つまり、プライバシーゼロが当たり前の社会なら、何でもバレバレで、覗き見も盗聴もなくなります。昭和育ちの中でも特異な著者は、世間で秘め事とされている排泄や性行為すら、誰に見られても、そんなに困りません。著者なら、逆に見られてもウケる排泄や性行為を考えてしまう天邪鬼なのです。つまり、全員が見られる前提に立てれば、そのうち全員が見られ慣れて、それでも裸族ではなく文明人でいたいなら、見られてしかるべき行為の型や作法が出来上がって、落ち着くのではないでしょうか。だって、人間以外の動物は皆、互いに何でも見せ合っていますが、生きるだけなら何も困っていません。

また、自身の病歴を恥と思ってか隠すメンタリティも、持病の総合就社である著者には理解できません（拙著『サバイバル原論』p.111.参照）。著者なら誰（特に医師）でもカルテにアクセスしてもらった上で、配慮してもらったり、最善の策を教えてもらった方が得策だとしか考えないのです。もちろん、悪用して来る輩もいるでしょうが、最後は人を見る目があるかないかで、それが生きるか死ぬかの分かれ目となるでしょう。社会的な生物としての人間には、他者への目利きが生き残るための宿命です。

よって、著者は、個人情報が、いつでも誰にでも知らせる社会を了承します。意外と最も安全な社会になる可能性があるかもしれません。まずは、ジャーナリストおよび報道家たる者が全ての情報配信に、文責と連絡先を明記して、何を言っても、何を知られても、オープンにしていれば、他の動物同士の様に最も安全・安心である事、身を持って示すことができるしょう。昭和の道徳が残っていた時代は、プロ野球選手や芸能人の現住所が、平気で出版物に明記されていました。それでも当時は、有名人を狙った事件もたまにはあっても、現在の強盗事件ほど頻発はしていません。

■ブラック業界は、分業論。
（2022年5月1日）

1893年に、早くも社会学者のE・デュルケームが、社会分業論（De la division du travail social）を謳ってから、高度な文明社会で最も効率的に生産性を上げるためには、専門家が連帯しながらも手分けして各分野の仕事をするのが定説になっているはずです。同じ有機的な連帯の中では細かく分業できれば、できるほど効率的に生産性が上がるはずなのです。

よって例えば高校までの歴史も、最高学府（大学）では、教員ごとに専門を古代か中世か近現代かなどと細分化して教えているのでした。それにも拘らず、教員の専門外である時間割作成や入試監督などの業務も担わされているのはなぜでしょうか。個々の科目内容はプロの教員が担うのは当然ですが、例えば時間割作成など、科目の組み合わせに関してはプログラマーが適任で、入試監督は警備保障の専門家に委託するのが最適ではないでしょうか。

ブラックとラベリングされる業界を改革する道筋は、ひとえに分業にあると社会学者の著者は考えます。

■帰宅困難者（難民）を無くすための奇策。
（2022年9月19日）

台風が予想外の進路を取って、日本列島を直撃した場合、出社や登校した国民に帰宅難民が出るニュースは、コロナ明けにも散見されます。公共交通機関の計画運休などにより、事前に休業や休校措置が取られるケースも増えましたが、やはり天災は人知を超える局面も避けられないでしょう。

そこで考えられるのが、コロナ禍におけるテレワークの浸透です。強制されたわけでもなく、振り返ってみれば死者数が現在ほどではなかったのに、多くの職場がテレワークに舵を切りました。ならば、被害が出るか不明でも、台風が列島に近づけば、過ぎ去るまでテレワークやオンライン授業に切り替えられないものでしょうか。しかし、風物詩の様な台風より、未知の新型コロナウイルスの方が、大多数の国民が恐れを抱き、外出を控えられたのは理解できます。

ならば、台風が近づいた時に予想される帰宅難民の密集こそ、コロナ感染のクラスターを発生させると警告すればどうでしょうか。コロナ禍においては当初、専門家が人流を8割減らさなければ、40万人以上の死者が出ると桁外れの予測データを発表したために、ある程度人流は抑制されて、テレワークやオンライン授業が進んだのです。結果、死者数は桁違いに間違えていましたが、備えあれば憂いなしで許されています。

そこで、同じ専門家に、帰宅難民が密集するキーステーションにおけるコロナ感染のクラスター発生予測を発表してもらったらどうでしょうか。そして台風が上陸する前に、ニュースで大々的に報道しておくのです。きっと、多くの国民は台風より未知のウイルスを恐れて、帰宅難民の密集を避けるために、自主的に休業と休校でテレワークとオンライン授業に舵を切り、帰宅難民は緩和されるのではないでしょうか。

「★観光⑩」■どこにでもカジノと同様の施設がある日本。（2023年3月23日）

ＩＲ（Integrated Resort：統合型リゾート）に、カジノができる事が問題視されました。ギャンブル依存症を助長するという懸念です。しかし断酒10年近く（現在は、めでたく断酒10年超）、回復はしているもののアルコール依存症の当事者である著者が考えるのは、依存症の実態でした。

脳の回路が誤作動してしまうギャンブル依存症者の多くは、いくら上等なマシンや良い環境があったとしても、わざわざカジノまで遠出しません。なぜなら、近くの商店街にもカジノと同様の施設がある日本だからです。

差別を助長するからと禁じられた比喩ですが、最も理解されやすいので、（アルコール）依存症の当事者である著者が、ゾンビを例に解説します。脳が壊れたゾンビは、目の前に人肉があれば、それがいくら貧相であっても喰らいつくでしょう。いくら離れた場所に上等な人肉があるからと説明され、たとえ理解できても、遠出などしません。最も近くにある人肉だけを狙います（拙著『脱アルコールの哲学』「目次」各章の英訳参照）。

よって、ギャンブル依存症の対策をするならば、カジノを問題視する前に、近くの商店街にもあるカジノと同様の施設を一掃する事が先決でしょう。でも、カジノと同様の業界を恐れているのか、行政もメディアも本気でギャンブル依存症の元を断つご近所の遊戯施設一掃キャンペーンすらしません。著者も公言したら、通り魔に襲われると学会で専門家に警告されました。

■テロリストは、下劣な生き物だとする。（2023年5月25日）

ジャニーズ事務所前社長の性被害に関しては、多くのマス・メディアが報じて来なかった咎《とが》を反省しているようにも見えます。

しかし、安倍元総理を銃殺したテロリストに関する報道は、著者から見れば正道に見えません。なぜなら、まずテロリストの動機となった宗教団体名を速報せず、ようやく堰を切ったように報道をし始めると、今度はひたすら反社会勢力として袋叩きにしています。これでは、テロリストにとっては願ったり叶ったりではないでしょうか。もちろん、反社会的なカルト教団は糾弾されるべきです。しかし、そのきっかけがテロだとなれば、テロリストが、一部の市民からは英雄視されてしまうのでした。このままでは、これまでマス・メディアが取り上げてくれなかった問題を取り上げてもらうには、テロを起こすしかないと考える輩が続出しても不思議ではありません。

マス・メディアは、テロなど起こされる前から、反社会的な行為を繰り返していた団体があるならば、一斉に報道して糾弾するべきだったでしょう。ジャニーズ事務所前社長の性被害と同様で、マス・メディアの体質はこれまで全く変わっていません。だから、世間から〝マスゴミ〟という蔑称もラベリングされているのでしょう。

ことテロに関して著者は、2009年6月7日に日本マス・コミュニケーション学会（現日本メディア学会）で、自身が問題提起者となったワークショップ「ブラックアウトと嘲笑——テロ抑止をめざす、臨床メディア論」以来、テロリストのやりがいを削ぐために、犯人が英雄視されかねない言動やテロ事件そのものの詳細をブラックアウト（報道封殺）するべきだと説いて参りました（拙著『マス・コミュニケーション単純化の論理』pp.79–85.参照）。

２００９年当時は、何事でも報道する使命があるという正論がジャーナリズムの世界ではまかり通っていましたが、その後、世界中でテロ対策が進むにつれ、報道しないことの意義がメディア研究者の間でも一定の正論となっていったのです。結果、例えば２０１９年3月15日、ニュージーランド・クライストチャーチで発生した白人至上主義者を自称する犯人によるモスク（イスラム教礼拝所）銃撃事件で、ジャシンダ・アーダーン首相が「犯人はテロ行為で、悪名を手に入れようとしたのだから、私は一切この犯人の名前を口にしない。」などとブラックアウト宣言されました。以降も、テロを煽らないためにも報道を抑制する思潮は、全世界に拡がっています。日本では報道でなくとも、茶道や華道において、間という静寂、無音を共有する作法があったはずです。

そしてテロリストは、その主張など誰も聴く耳を持たない、陽の目を見ない下劣な生き物だと蔑《さげす》む扱いこそが、テロリストのやりがいを削いで、再発させない最終的な危機管理になるではないのでしょう。

■年長者における罪と罰。
（2023年6月16日）

無人販売所の窃盗や現金抜き取り事件が止まりません。遂に逮捕された犯人の1人が、50代と分かって著者（当時59歳）も考えました。

犯人は防犯カメラに写っているのに居直っているケースが多く、連鎖が止まらないなら、抑止するには大いなる懲罰が必要でしょう。罰金刑はもちろん必要ですが、相応の年長者が「払ったらええんやろ」と居直るケースも多い事実を知った著者は、還暦を迎える自分がこんな罰を受けるのであれば、窃盗や現金抜き取りなど絶対にしないと思う制裁を考えたのです。

それは、少額の窃盗や現金抜き取りでも、金銭絡みの犯人には、これまで国に払った年金や健康保険料など社会保障費の記録が、抹消されるというペナルティを科すのです。特に、年長者には大きな痛手となるでしょう。これなら、表向きはコストを掛けずに、懲らしめられる妙案ではないでしょうか。年少者には、前科がつけば、就職しにくい社会的な制裁がありますが、後先考えない居直り年長者も少なくないと知ったので抑止力に考えてみました。

少なくとも還暦を迎える著者なら、社会保障が十分に受けられなくなる事態だけは、絶対に避けたいです。効力があり過ぎるので、無人販売所の窃盗だけでなく、多くの犯罪に対して、特に年長者には抜群の抑止効果を発揮するのではないでしょうか。

■差別を禁止する原理。
（2023年6月30日）

人種や性別など、自身の力では変えられない属性で評価が差別されるのを、共時的（その時）に禁止にするのが成熟した文明社会では当然です。しかし、これまで未成熟な社会において、自身の力では変えられない属性が理由で差別されて来た損失を補償するため、通時的（後から）でも現在の成熟した社会が差別された人種や性別などを教育や就労で優遇するアファーマティブ・アクション等は、時代錯誤だと捉える向きも出て来るのではないでしょうか。

例えば、戦時中の賠償が、戦後生まれの国民が納めた税金からなされる事には、論理的に矛盾を感じる国民が多いでしょう。つまり、補償は当事者の当時差別された案件にのみ、共時的に適用されないと後の時代における他者からは、通時的に理解されません。

但し今後も通時的に、人種や性別など自身の力では変えられない属性が理由で差別されない事への共感は増え続けるでしょう。また同時に、（これまで差別されて来た）人種や性別など自身の力では変えられない属性が理由で、通時的に優遇される事への反感も高まるでしょう。

しかし、個々の事案における理不尽な差別の解消が理解され続けてさえいれば、長い時間を掛けても、差別が減って風化してゆくはずなのです。それが成熟した人間社会の通時的な宿命ではないでしょうか。例えば日本において、明治維新以降は、少なくとも士農工商などという明白な階級差別観が、徐々にしかし確実に擦り切れ風化しているでしょう。甘いかもしれませんが特効薬がない場合、展望があれば期待するしかないというのが、短い人生の人間です。

■薬物事犯の扱われ方。

（2023年8月12日）

大学スポーツ部の寮生から大麻所持で逮捕者が出ました。大学は、スポーツ部の処分を解除、逮捕されていない部員の試合出場を願いましたが、当該スポーツの学生連盟は出場資格を停止したままです。メディアでも、寮に同居していた他の部員の潔白が証明されていないから、寮で大麻が発見されたこの場合は、個人の家で発見されたケースとは違い連帯責任も止む無しの論調でした。

一見、正論に聞こえますが、メディアは薬物事犯の扱い方で首尾一貫した姿勢を取り続けて来たのでしょうか。どれだけ薬物使用の噂が絶えない有名人でも、逮捕されるまでは、テレビにも出し続けていませんでしたか。ならば、より弱い立場の大学生も逮捕されていない選手たちは、試合に出し続けるよう論調を一貫して欲しいのです。

これは、ジャニーズ性加害問題と同様です。あれだけ、メディア関係者の間では周知の事実でありながら、外国メディアが報じるまでは、無罪の扱いをして来たではないですか。

これでまた、司法、行政、立法と互いに点検し合える三権分立の外にある第四権力、メディアには首尾一貫した正義などないことを露呈させる報道になりました。報道の道が泣いています。

そして、大学教授で長年キャリア支援（就職対策）委員を拝命して来た著者が指摘したいのは、この薬物事犯のせいで渦中の大学の就活学生が足を引っ張られるという懸念です。当事者でもない学生を、大麻所持で逮捕された学生がいる大学だからと採用でマイナス査定するような組織こそ、無能なブラック企業です。こちらから就職もボイコットして淘汰しましょう。本当に見る目のある組織なら、大学名など受験時の偏差値として参考程度にしか考えません。これは綺麗ごとではなく、人物を見極める組織こそがホワイト企業で、有能な人材を揃えて繁栄するでしょう。余談ですが、京大阪大早大などトップ校で院卒の教員を揃えた近畿大学文芸学部は、学歴にかかわらず、採用してくれました。著者の人材を見極めてくれたのだと信じています（拙著『サバイバル原論』pp.104-108.参照）。

「★観光⑪」―■風評被害原論。

（2023年8月25日）

東京電力福島第一原発における世界最高水準の多核種除去設備（ALPS）で浄化した処理水の海洋放出に対して、日本政府にひたすら風評被害を払拭できるような説明を求めるのはナンセンスです。どんなに言葉を尽くして説明をしても、一瞬で消える風評など、絶対にありません。

例えば、前科のある者が罪を償い更生して、社会で働き出しても、すぐに世間は前科を忘れ罪もなかった人と同等の扱いをしてくれるでしょうか。無罪を勝ち取った者でさえ、そう簡単に偏見は消えません。そうなるには、長い時間が必要です。それが人間の拭えない心理なのでしょう。せめて周囲が恣意的にできる事は、前科や裁判を話に持ち出さないことです。それで少しは、悪評が拭われるまでの時間が短くなるはずです。周囲が事あるごとに、更生している者の前科や無罪でも裁判になった案件を論《あげつら》っていては、悪評は永遠に消えないでしょう。

そこで、福島原発の処理水が海洋放出されている事に伴う風評被害を少しでも早く軽減させるのは、メディアが報じない事が一番だと著者は考えます。もちろん2011年3月の東の本大震災における津波による事故は天災であり、福島原発や日本政府の犯罪ではありません。無罪です。そしてIAEA（国際原子力機構）が安全性を確認しているにも拘らず、風評被害が消せないのなら、なおさら事故を前科の様に持ち出す第三国の主張まで報道するのは慎むべきではないでしょうか。

結果、処理水が海洋放出されているニュースがメディアから消えてからはじめて、風評被害も消え始めるのです。時間を掛けて（2024年6月現在、そうなりつつあると体感できるのではないでしょうか）。

■最も醜いメディアの悪意。
（2023年8月30日）

ジャニーズ性加害の問題を調査した外部専門家による再発防止特別チームは、公然の秘密を報道しなかったメディアの責任も問いました。しかし、それを報じるどのメディアも、知っていたけど報道しなかったという自身の悪意を認めず、真摯な反省が見られません。著者が知る限り、ジャニーズ性加害をコンスタントに報道していたのは、アングラ誌『噂の眞相』くらいでした。

今回、ようやく報道しているテレビ番組を視ていても、証拠がなく噂の域を出ないから業界内で忖度するのは仕方がなかったけれども、これからは忖度しないと勝手に決着をつけているのが殆《ほとん》どのキャスターやコメンテーターたちです。彼ら彼女たちにはこれまでも、煙が見えたら追及すべき報道に携わって来た者としての矜持《きょうじ》が微塵《みじん》も感じられず、公然の秘密を秘密にし続けて来た当事者としての責任感も全くありません。著者がメディアの人間だったなら、まずは開口一番「知っていたけれども、言えませんでした。ごめんなさい。」と謝罪します。それからやっと、なぜ言えなかったのか、自身の内心に巣食っていた悪意を説明し続けます。報道家であるならば、自身の責任を、決して簡単に、さらに自分勝手には決着させせません。

但し、報道番組の荷を下ろして視界が開けたある元キャスターなどは、ようやくメディアがジャニーズ事務所とびっしりと仕事でつながっていたため見て見ぬふりをしていた事実を反省しながらも、初老の男性加害者と年少の男性被害者という構図が計りかねて「思考停止」していたと正直な内心を話し始めました。この問題で「思考停止」などとは、他の先進国では理解されない反応でしょうが、日本が性の問題を理解して解決する立場になるには、まだまだ途上国なのです。

しかし、有名人の不倫問題なら、正義であるかのように直ちに報道し続けて来た大手も含めたメディアです。それが、最も深刻なジャニーズ性加害はブラックアウトしていた自身の悪意をどう説明できるのでしょうか。悪意を拭えないどのメディアにも、これからは不倫問題然り、性に関する是非を問う報道などする資格がないと著者は悲観するのでした。

■はけ口としてのメディア。（2023年9月21日）

児童性愛者の欲求は、どうすれば制御できるのでしょうか。生得的な症状であれば、いくら指弾しても止まりません。そこで著者は、その欲求が被害者を生まないためにも、はけ口が必要だと考えます。性表現のメディア、ポルノグラフィの活用です。

もちろん本物の児童ポルノは言語道断で、出演させられた児童が被害者の社会悪ですから、絶対に禁止です。しかし、AIを使った実物そっくりの児童画像ならどうでしょうか。矯正できない児童性愛者の欲求のはけ口にはなると著者は考えます。但し、ポルノグラフィ自体が、性犯罪を助長するケースもあるのではないかという見方もあるでしょう。性欲のはけ口、カタルシスとなって性犯罪を抑止するのではないかという見方と共に二律背反したポルノグラフィの効果論は、メディアの研究史でも永遠の課題です（拙著『マス・コミュニケーション単純化の論理』p.53.参照）。

それでも著者には、少なくとも被害者を出して「性癖好異常」（パラフィリア）だとラベリングされたジャニー喜多川氏の性欲が主に小児性愛であったならば、周囲が感づいた時点からでも、ＡＩで画像生成された男子の児童ポルノを充《あ》てがうくらいしか抑止力は考えられないのでした。

■スポーツ界においても男女差別を解消し始める方法。

（２０２３年９月19日）

陸上競技の様な個人種目は、男女の垣根を取り払うと、当然の事ながら身体能力が高い男性優位は揺るぎないでしょう。１００ｍ決勝で、男性アスリートに混じって、女性アスリートも残れるとは考えにくいのです。

しかし団体競技にすれば、既に世界大会でも柔道の団体戦や、フィギュアスケートの団体戦があるのでした。さらに現在は、男女混合リレーや男女混合バレーなどの工夫も見られます。

そこでＷ杯や通常リーグと比べて人気が落ちるオリンピックでは、メジャーな団体競技を男女混合だけに限定できないでしょうか。つまりサッカーもバスケットボールも、男子女子の区別は無くして、男女混合の一国一チームにするのです。どちらの競技も、五輪のみのチーム編成で、その存在意義と差別化を図れるでしょう。もちろんメンバー編成は男女同数として、出場者も常に男女同数と規定します。さらに、これまで男性にはオリンピックで門戸が開かれていなかったアーティスティックスイミングなども、男女同数で編成すれば、見た目にも新しい男女の垣根なきスポーツの世界観を提示できるのではないでしょうか。

■現代の差別が有する複雑な構造。
（2023年9月23日）

民族差別、部落差別、障害者差別、貧困者差別、女性差別など、これまで一方的に差別されてきたマイノリティにも、様々な差別解消の策が講じられて参りました。しかし、それが一部では優遇されていると妬《ねた》まれたり、特権を得ていると批判の対象にされはじめたのです。身近な例では、優先席などが分かりやすい矛先に挙げられるでしょう。

では、優遇や特権を非難する人たちに問いたいのです。あなたたちは、その優遇や特権があれば！差別されるマイノリティになりたいですか？ 答えは、いくら優遇され、特権を与えられても差別されるマイノリティにはなりたくない人が大多数になるでしょう。つまり、いくら優遇されても、特権を与えられても、差別は全く解消されていないのです。

■質疑応答の茶番。
（2023年10月2日）

10月2日、ジャニーズ事務所の記者会見で、最前列で挙手し続けた後ろ盾の無いジャーナリストが指名されず、抗議した瞬間、事務所のトップに立ったV6の元メンバーが「大人なんだから、ルールを守って！」と制し、大手メディアの記者たちから拍手が起こりました。これが、そのまま、大人のルールを守って、ジャニー喜多川の性加害を隠蔽し続けてジャニーズ事務所内の人々と大手メディアの人々の結託をあからさまにした象徴的な場面です。

もちろん大きな後ろ盾のないジャーナリストの抗議は、品の無い作法だったのかもしれません。でも、そうでもしなければ暴けない真実があったのも確かでしょう。

同様の名場面は、国会でも時折見受けられます。表向きは与野党の論戦でも、裏では野党の質問が前日までに伝えられており、与党は用意された答弁を読むだけのセレモニーに過ぎないケースが多いでしょう。それがたまに、与党に伝えられていなかった質問を野党議員がしてしまい、聞いてないよ！とばかりに与党議員が怒る場面に遭遇します。

日本では、記者会見も国会論議も、大人のルールを守ったセレモニーに過ぎないのでした。せめて、思想の自由市場であるべき大学では、学会と同様にリアルな質疑応答を展開したく著者は、自身の講読授業で実践しています。その教室では、著者が書いた単著を教材に、学生たちから毎回、自由に質問を受けて、プライバシーゼロでも構わないと公言している著者本人が、本には書けなかった真実を開示して参りました。次代を担う学生たちには、茶番ゼロの質疑応答を経験してもらうためです。

■改めて、ブラックアウトの可能性。

（2023年10月23日）

テロでも起こさない限り、誰も話を聞いてくれないと考えるテロリストを封じるためには、どんな形でもテロ報道はブラックアウト（報道封殺）するべきではないでしょうか。

この自説を、２００９年６月７日の日本マス・コミュニケーション学会において、ワークショップの問題提起者として公に唱え始めた著者です（拙著『マス・コミュニケーション単純化の論理』pp.79–85.）。

つまり、どんな報道であれ、テロリストたちにテロさえ起こせば、全世界へ自分たちの主張が報道されるという動機付けを与えることになってはいけないのです。そして、その様な負の連鎖を止めるには、伝えるチャンネルを断ち切るしかないでしょう。しかし、この様相を授業で説明すると、学生から必ずブラックアウトなど無理だとの反論を食らうのでした。次世代の一部は、大手のマス・メディアが一律に報道規制を敷くなどありえないし、できないと考えているのです。

但し、日本では報道でなくとも、茶道や華道においては、間という静寂、無音を共有する作法がありました。

だからとは言いませんが、規制など敷かなくとも、忖度だけでジャニーズ性加害の問題は、何十年も封印されて来たのです。そんなメディアが、テロリストの表現であるテロを一切報じず、テロのやりがいを殺ぐブラックアウトもできないとは言わせません。メディアが社会の公器だと言うからには、報道する／しないという線引きをいちいち説明する大義があるはずです。自己都合で、大きな芸能事務所社長の悪意に蓋をしたり、凶暴なテロリストたちの悪意をばらまいたりするのでは、もはや公共のメディアなどとは呼べないでしょう。反社会的なチャンネルだとラベリングせざるを得ません。

■宗教は、手段か、目的か。

(2023年10月25日)

12月25日は、キリスト教を娯楽の「手段」にし、1月1日には神道を願い事の「手段」にして来た多くの日本人の姿勢は、著者にとって健全に映ります。

対してイスラム教を「目的」としている人々とユダヤ教を「目的」としている人々が並立する中東では随時、戦争が勃発しては終わりません。

例えば、大阪から東京に行く「手段」とは、新幹線や車や飛行機など多様です。つまり、「手段」は多くの場合、臨機応変に選べます。しかし、「目的」が東京に設定された場合、そこへ向かう者に「手段」は選べる事ができても、原則として「目的」は変えられないでしょう。

よって人類の中でも、宗教を「手段」に使っている人々ならば、それぞれの「手段」を尊重して争わずに済むケースも考えられますが、別々の宗教を「目的」としている人々が出会うと互いに譲れず、衝突は避けられないのです。

■女性専用車両の欺瞞。
（2023年11月27日）

痴漢対策でもあった女性専用車両に対して、痴漢冤罪から逃れるための男性専用車両を求める声は、学生からの問題提起に毎年あります。しかし著者は、その度に痴漢対策としてなら男女どちらの専用車両も間違っていると指摘するのでした。なぜなら、性加害は男性から女性へと決まっていないからです。

男性から男性への性加害は、ジャニー喜多川氏が証明してくれました。ならば、女性から女性へ性加害もあるはずです、女性から男性への性加害も考えられるでしょう。つまり、女性専用列車は、女性から女性への痴漢行為の温床となり、男性専用車両は、男性から男性への痴漢行為の温床ともなりかねません。

つまり、車内はあらゆる性の組み合わせで痴漢行為が想定されるのであれば、それはスリと同様にあらゆる人からあらゆる人に加えられかねない犯罪です。抑止するには、監視カメラなど全犯罪対応の危機管理しか考えられないはずなのでした。そして、まずは男性から女性への痴漢行為以外の性加害を想定しない＝黙認しやすくなった女性専用車両を廃止するべきでしょう。その代わりに、あらゆる性の組み合わせの痴漢行為を摘発できる監視カメラ設置車両を導入するべきではないでしょうか。もちろん、プライバシーには配慮して全車両ではなく、これまでの女性専用車の同数に限定します。そして、「監視カメラ設置車両」とラベリングされたその車両は、あらゆる車内犯罪の抑止と摘発に繋がるでしょう。

■私人逮捕系ユーチューバー存立理由の一つ。

（2023年12月2日）

私人逮捕系ユーチューバーが跋扈《ばっこ》する背景には、世論の隠されたニーズもあると考えられます。例えばテレビのニュース番組では、無人販売所の監視カメラが捉えた盗難の現行犯映像でも、プライバシーを理由に顔はぼかして誰か分からないようにしか報じられません。それを見せられた視聴者の多くが、現行犯なのにプライバシーが尊重される報道姿勢に納得していないのではないでしょうか。そこで、現行犯の顔出し逮捕映像に大義を見出したのが、一部の私人逮捕系ユーチューバーだと考えられるのです。

もちろん、事件すらでっち上げようとする私人逮捕系ユーチューバーは言語道断で、断罪されるべきでしょう。ただ、なぜ私人逮捕系ユーチューバーが一定の視聴者を得て成立して来たのかを考えなければ、逸脱した正義感も後を絶ちません。少なくとも、現行犯の映像はマス・メディアでも、顔が分かるように報道する姿勢が一貫すれば、模倣犯の抑止になると世間も納得して、私人逮捕系ユーチューバーへのニーズも萎《しぼ》むはずです。

■プライバシーゼロの世界観。（２０２３年12月３日）

昭和39年生まれの著者は小学生の頃、芸能人やプロ野球選手の現住所や電話番号が雑誌に書かれていた事を記憶しています。それでも押しかけるファンや電話被害がニュースになった事はありませんでした。著者自身、予備校時代から熱烈なファンだった80年代の中森明菜さんに対しても、今はなき中野サンプラザのコンサートで最前列のチケットを買うために、赤坂にあった当時の所属事務所前に徹夜で並んだ事はありましたそして、西武沿線にある明菜さんの実家も見に行きましたが、遠巻きに記念写真を撮ったくらいで、それ以上のアタックはしていませんし、しようとも思わなかったのです。

現在、自身のプライバシーはゼロでも構わないと公言して、がんやアルコール依存症に罹った経緯と現状を出版したり、メディア取材もことごとく受けて講演したりしている著者が考えるプライバシー越権行為の動機づけは単純です。人間社会では、何事も規制を設けられたりハードルが上がる度に、それを突破しようという欲に駆られたチャレンジャーが現れて来るのではないでしょうか。例えばオリンピックなどは、記録を破らなければ表彰されない大会でもなければ、誰が１００mを９秒台で走ろうと決死の覚悟を抱くでしょうか。

よって社会全体がムラのようであった昭和の情報漏れ放題の世界観が、ネットで再現され続けて行けば、いつか世界全体でわざわざ個人情報を暴くパパラッチも無用の長物になるかもしれません。記録更新にも限界がある、これ以上のハードルはないと悟った時、オリンピックも終焉を迎えるでしょう。フィギュアスケートのジャンプに４回転はあっても、回りっぱなしはありません。

■相変わらずコメンテーターの偽善を質《ただ》す。

（2024年1月6日）

我々とは桁違いのギャラをもらっているテレビのゲストが、生活必需品の値上げを嘆くコメントばかりするのは、世論に迎合して好感度を維持しようとしているとしか見えません。いつ見聞きしても、欺瞞で嫌味です。

著者が高いギャラもらってコメントするなら、「わたしには痛くも痒くもない値上げですから、皆さんの給料もわたしたちくらいに引き上げるべきです！」が正論だし、それこそが日本経済のあるべき姿を啓発するキャンペーンになり、高額コメンテーター本来の役割だと思います。

■ある社会学芸人と同じ学年の今や大御所芸人に対する風当たり。
（2024年1月13日）

著者は教壇に立った1997年以降、どこの学校でも自己紹介で、ダウンタウンと同学年だと言うのが芸風のみならず、授業運営のノリを学生たちに理解してもらうのに最適でした。よって、ダウンタウンが世間の俎上に載せられると、学生たちからの質問にも、いの一番に答えなくてはなりません。同世代から次世代へ、時代を超えた説明をする責任があります。

ジャニーズ性加害や宝塚音楽学校のハラスメント問題を考えてもわかる様に、法律は、その時代の法律でしか罰せられませんが、倫理は、新しく確立した倫理観で、過去も罰します。法律と倫理は人間が皆でより良く生きて行くために考えた知恵の拠り所なのですが、違う言葉がある以上、意味や意義にギャップがあって然るべきでしょう。

過去と現在の扱いに齟齬《そご》が生じる法律と倫理。苦悩するそのギャップが、想定などしたくなかったのに起こってしまった戦争の犯罪裁判では常に問われますし、身近に凝縮されたニュースのひとつが松本人志さんの問題でした。

ジェンダーの捉え方が発展途上だった過去の出来事を、ジェンダーの考え方が進化した現在に裁くのですから、過去の戦争裁判でも未だに遺恨を残したままの人間たちに決着がつけられるのでしょうか。法的には有罪にすべきか無罪にすべきか、社会的には制裁すべきか容認すべきか、最終的には納得する国民数が多い形で決するしか民主主義社会では考えられません。そして結論は、自由主義社会の日本は経済原則から、スポンサーから当事者へ仕事の発注があるかないかで示されるでしょう。つまり昨今、社会学芸人でもあると自負した著者は、最多国民の納得こそが、日本における最適解だとする＝大学で教える哲学だと考えるのしかないでした。

■共学だけが、学校のありようか。
（2024年3月21日）

県立高校の男子校と女子校を共学にするのが、一部でジェンダーフリーを叶える様に言われました。しかし、男子校、女子校が強制ではなく、共学も含めて、進学希望者の選択に任されるのであれば、共同体における多様性の体現です。

そして社会に出る前の3年間だけ、全ての行事や作業を男子だけ、女子だけで行う経験値も貴重ではないでしょうか。あらゆる業務に男女差別の無い（できない）価値観（ジェンダーフリー）を体感する絶好の機会になるはずです。

■条件付きで、大学無償化。
（2024年3月22日）

大学の学費無償化を実現させるならば原則、4年間のみ。大学生の特権に安住させないため、留学等の配慮すべき理由がない限り、5年目以降は、高い学費を課すのが正道でしょう。

■不当な口コミ投稿を判別するために。（2024年4月21日）

誰もが目にする地図サイトに、間違った不当な内容を投稿されているとして開業医たちが訴訟を起こしました。生命に関わる業務内容だけに、事実に反する内容であれば看過できません。しかし、事実に即した批判や批評であれば、たとえ悪意に満ちた内容であっても、公平な言論空間なら表現の自由として認めなければならないでしょう。そして、そもそも狭い医院でのやり取りが事実かどうかを即時に判断するのは至難の業です。

よって著者は、ひと時の飲食ならいざ知らず、生命に関わる医療機関の評価を見ず知らずの口コミに頼る事は絶対にしなせん。信頼できる知人で、実際その医療機関に掛かった方からの所見しか参考にしないでしょう。

但し都合良く、その病院に掛かった信頼できる知人がいなかった場合、見ず知らずの口コミしか参考にできない場合のベターな対応策を考えました。責任の所在を明確にするため、ネット空間における投稿者の実名化は懸案事項ですが、プライバシー論義からも即時に実現させる事は難しいでしょう。ならば、投稿を長押しすると、（わざわざ探さなくとも）直ぐにその投稿者による他の投稿履歴が一覧できる機能を義務付けるのはどうでしょうか。それによって閲覧者全てが、その投稿者の投稿が一貫して信頼できる内容なのか、信頼できない内容なのかを間違いなく検討できると考えます。全ては既に投稿された内容なので、プライバシーの問題もありません。

■ネット管理は、中国に見倣え。

(2024年5月1日)

有名人を騙る投資詐欺が横行しているネットのプラットフォーム事業者、巨大IT企業を管理不行き届きだとして、騙られた複数の有名人が訴えました。プラットフォーム事業者の一部は、投資詐欺の首謀者から広告料を得て大儲けしているため、そのまま犯罪者を放置していれば共犯者と捉えられても仕方ありません。しかし、当の巨大IT企業は、訴えられてもネットという無限の沃野を完全に管理することなど不可能だというロジックで逃れようとしていると聞きます。コミュニケーション研究者の著者としても、完全にシステムを管理するなら、近代合理主義が体現した上意下達のマス・コミュニケーションでないと不可能であろうと思考実験してしまいました。双方向ネットワークは、管理し切れないないからこそ、自由が担保されているのとも考えていたのです。

ところが、専制国家の中国では、ネット上に独裁者と思しき主席の悪口は殆ど、見当たりません。軍などの人海戦術で、主席の悪口は殆ど排除できているのです。より国民の安全が担保されているはずの自由主義陣営におけるネットのプラットフォーム事業者にもできないと言わせません。株価の時価総額が1兆ドルを超える様な世界を股に掛ける巨大IT企業なら、大国とはいえ一国家の人海戦術に劣る危機管理しかできないなどという方便は認められないでしょう。

【文化】

■死者は皆、平等。

（2017年8月6日）

毎年8月6日、広島に原爆が投下された日に、原爆死没者慰霊式・平和祈念式典が行われることは否定しません。ただ、故人が亡くなった原因が原爆でも、事故でも、遺族にとっては、悲しみや悔しさは変わらないはずです。

例えば2016年に、交通事故で3500人以上が亡くなっています。それを毎年、国を挙げて慰霊しトップニュースとして報道しているでしょうか。原爆はアメリカ人が投下しましたが、交通事故の殆どは加害者も日本人です。交通事故には、原爆以上に日本人として反省と悔恨があって然るべきなのではないでしょうか。そして、他国に核兵器の廃絶を訴える気持ちがあるのであれば、自国で自動車の使用制限と公共交通機関の使用推進もできるはずです。

記録に残っている日本で最初の自動車による交通死亡事故は、1905年10月26日に堺市で5歳児が轢かれて死亡したとあります（佐々木烈『日本自動車史』三樹書房、2009. p.274. 参照）。不慮の死者に対して、慰霊の度合いに温度差があり過ぎるため、著者は毎年8月6日に違和感を覚えてしまうのでした。

【板書の例①】文化的な遺産としての大阪・関西万博

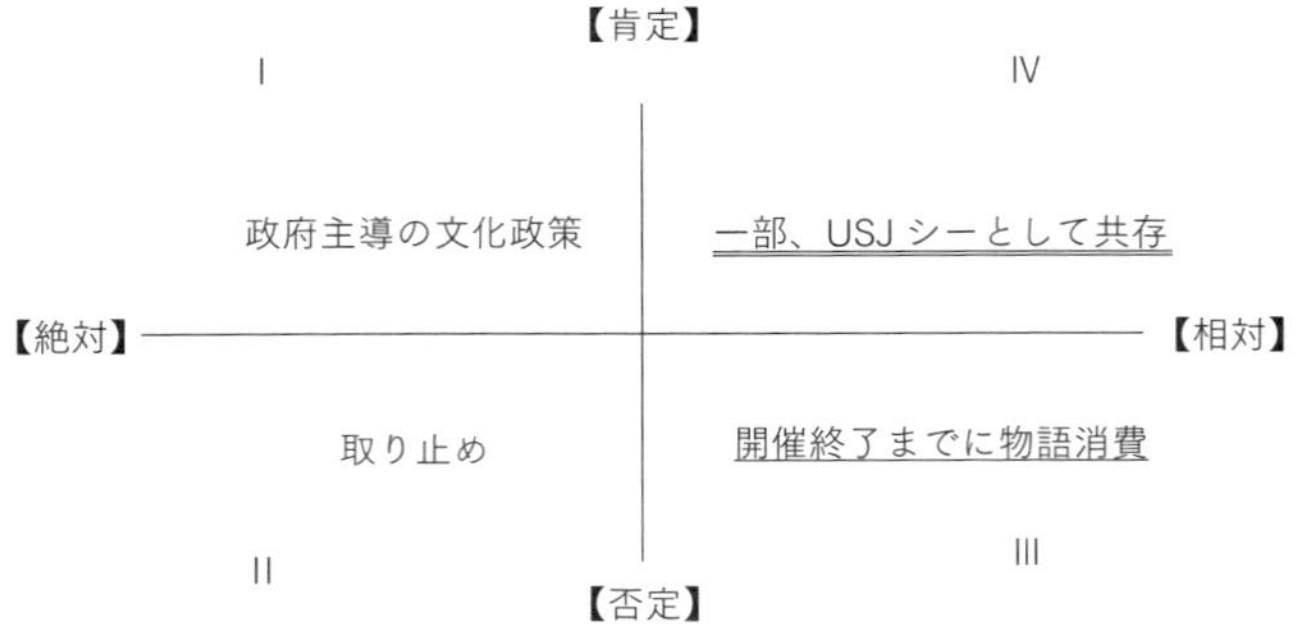

I：日本政府が文化政策という大義の下、強権を発動してでも、予定通りに実施。

II：各国のパビリオン建設が間に合わないなら、白紙に戻す。

III：歴史上、大開催初日にパビリオンが全て完成していた万博は、1970 年の大阪万博くらいなので、開催が終わるまでに、すべてが完成すれば、ユニバーサルな物語として成立する。

IV：万博の会場に近く余力のある USJ（ユニバーサル・スタジオ・ジャパン）と協力して、東京ディズニーシーに対抗できる USJ シーを建設してもらい、未完成パビリオンの穴を埋める。万博終了後は、会場の広範囲に拡張して USJ が運営。跡地対策にもなる。

注：関連する解説として、本書 p. 52.「経営」、「★観光⑨」■大阪・関西万博を巻き返す仰天プラン。（2023年 7 月12日）参照。
出所）著者作成。

■精神科医とＡＩの共存。
（２０１９年10月４日）

依存症がテーマのある学会で、熟練の精神科医から驚くべきアジテーションを聴かされました。

彼はこの様に挑発して来たのです。

ＡＩに取って代わられる職業が増えると言われている中、精神科医は安泰だと思っていませんか。診察の場面において、聖人君子でもない精神科医の言動が、デリケートな精神病患者たちを傷つけていることがあるのを自覚していますか。その日の気分で、精神科医

【板書の例②】宗教の文化的な意義

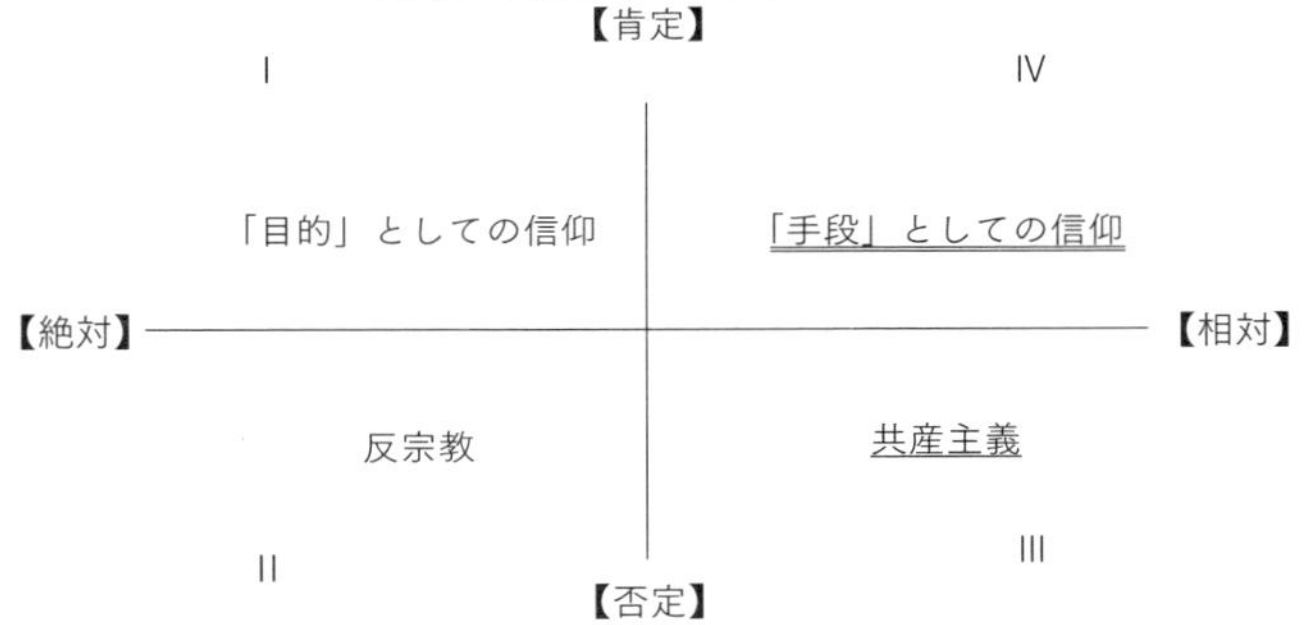

Ⅰ：信仰のためなら、全てを捧げる宗教が「目的」。
Ⅱ：宗教がなければ生きていけない人間は、文明人にあらず。
Ⅲ：共産主義というイデオロギーとは相容れない、並存し得ない思想故に拒否する姿勢。
Ⅳ：冠婚葬祭などでも臨機応変に、別々の宗教を利用するなど、あくまでひと時の心の落ち着きを得る「手段」としての信仰心。

注：関連する解説として、本書p. 78. ■宗教は、手段か、目的か。（2023年10月25日）参照。
出所）著者作成。

が不機嫌な言動をしてしまい、心が病んでいる過敏な患者たちを傷つけるケースが多々あるのですよ。そのことを考えれば、少なくとも初診は、数多の病状データで読み込み、フラットに的確な助言ができるAIに担当してもらうのが、無難ではないでしょうか。

　確かに。例えばがんなら、殆どの医師が病状を同様に判断できるでしょうし、治療にも一定の基準が担保されるでしょう。しかし、精神疾患は、医師の主観に負うところが大きいのです。うつか、うつでないかすら、医師によって判断は分かれます。がんか、がでないかで、全く違う診断が出るなど、殆どないでしょう。

　精神的な疾患は、身体的な疾患以上に、医師と患者の相性が病気回復のためには最大のハードルとなるのです。よって精神疾患に関して、著者は患者も相性が良いと納得できるまで、精神科医を渡り歩くことを勧めているのでした。しかし、渡り歩くまで余裕がない患者の場合は、初診で相性の悪い精神科医に当たって、病状が悪化しないためにも、汎用のデータを備えてなるべく適正な対応ができるＡＩに対応してもらうのも一案だと考えます（後に記した拙著『パンク社会学』pp.36–37.参照）。

■紅白歌合戦とは、狂っている。
（２０１９年10月7日）

なぜ、年末に歌手が男女に分かれて、闘っているのでしょうか。現代の怪奇です。子どもの頃、テレビ禁止の家庭だった著者が、唯一夜更かししてテレビで見られた番組だけに、男女で勝敗を決する制度は、小学生の眼にも異様の極みだったのです。しかも、これまで常に同時間帯で、最高視聴率を上げ続けているのでした。狂ったメディアの怪奇現象です。１９６９年には、コント55号の紅白裏番組を見た記憶が微かに残っています。そこで著者は幼心に、まだ野球拳の方がナンセンスで、年末のガス抜きには適していると理解できていました。

紅白歌合戦は毎年毎年、年末に男女差別を再燃させているとしか見えません。外国人から見れば、異教徒による怪奇の祭典でしょう。これが同じ生得的な属性で色分けされた人種が競い合う白黒歌合戦だったら、倫理的に許されるでしょうか⁉

１９８０年代には、バンドが多数出るようになり、歌合戦だけにボーカルの性別で赤か白かに分けられる制度は、著者も社会学者を志した身空で違和感しかありませんでした。

ＬＧＢＴＱの権利が主張される現在も、全く変わる気配のない男女が争う紅白歌合戦。ＮＨＫの皮肉か、ブラックジョークでしょうか。

しかし、どうしても大晦日に対決させたいなら、男女より東西でしょう。フジテレビが長らくお正月に放送していたかくし芸大会は、東西対決でした。お正月のかくし芸大会は無くなって久しいので、紅白が東西対決に取って代わっても、問題はないでしょう。

歌手の出身は自己申告で、最も愛着のある都道府県代表として出場するのです。生まれた場所などに縛られないのは、ふるさと納税と同様の感受性です。また、振り返ってみると紅白歌合戦でも、過去には歌手が登場する場面で出身の都道府県がクレジットされていたはずです。

結果、関ヶ原を挟んでの東西歌合戦が、最も盛り上がりますよ。海外からジェンダーの問題として糾弾される前に、男女対抗の紅白歌合戦は、看板を東西歌合戦に変えるべきです。

もちろんスポーツ界でも、競技は男女が分けられることに問題点を指摘されていますが、問題の男女は男子バレーと女子バレーなど棲み分けています。男女で対決はしていません。そう考えると、改めて男女が対決する紅白歌合戦は、恐るべきカルト番組です。毎年、番組のラストで、男女どちらが勝ったかで、女性陣か男性陣が大喜びしているシーンなどは怪奇過ぎて、国際的に報道すればピュリッツァー賞にも値するでしょう。

「★観光⑫」■大河ドラマの改革案。
（2020年1月11日）

NHKの大河ドラマは、戦国時代を舞台にすると人気が安定しています。ならば毎年、戦国絵巻を描くのが大河ドラマだと決めてしまってはどうでしょうか。

但し、主役の武将が毎年、変わるのです。すると、例えば関ヶ原の戦いが見せ場の一つとしても、石田三成が主役の年は、徳川家康が悪役ですが、逆に家康が主役の年は、三成が悪役となるのでした。また、戦国武将なら出尽くすこともありませんし、物語も変幻自在です。例えば、柴田勝家が主役になれば、物語はシェイクスピア悲劇の様相を呈して、悪役はもちろん秀吉となるのでしょう。そうです。同時代に、善と悪が割り切れず、年のよって逆転する物語こそ、多様性を尊ぶ現代に、最も必要な視点なのではないでしょうか。

武将の数だけ主役があり、対峙する悪役が設定できます。まさにネバーエンディングストーリーとして続けられるでしょう。そして、それを観る我々は、混沌とする国際情勢の中、あらゆる紛争当事国を先入観だけで善悪と決めつけず、多面的な見方で付き合う感覚が養われるはずです。結果、視聴者延いては国民の多くが様々な国際紛争を見る時、どちらかに肩入れするでもなく多角的な立場になることが増えれば、日本は紛争の仲介役として更なる平和国家を目指せるのではないでしょうか。

余談ですが、戦国時代に生き抜いた津々浦々の武将を年替わりで描けば、国体の開催に代わって、津々浦々の観光ＰＲにもなります。

■根本的には、何がフェイクか。（2020年10月10日）

国際政治のニュース報道では、フェイク動画が戦略的に使われる事態が、世界的な大問題になっています。また、ただのいたずら心で流布された災害のフェイク画像が、多くの人々を不安と恐怖に陥れるなど、フェイク情報を見破ることは、人類共通の課題になってしまいました。

しかし、芸能ニュースが、世間に馴染んでいる現在、俳優の人柄まで知れ渡っているのに、なぜ人は映画やドラマの演技に騙されるのでしょうか。わざと騙されているとはいえ、そこまで感情移入できるお人好し加減が、現在の著者には理解できません。演劇、映画、TVドラマは、フィクションとラベリングすれば聞こえは良いでしょうが、著者から見たら、すべて単なるフェイクです。

著者がそう考えられるのは、この世には厳然たるフィクションとして、幻覚と幻聴があるからです。お恥ずかしい話ですが、著者はアルコール依存症から回復する瞬間、急に酒を抜いて脳が混乱する離脱症状の1つとして幻覚を見て参りました（拙著『脱アルコールの哲学』pp.28-30.参照）。著者は、映画よりリアルなアドベンチャーやホラー、SFなど、あらゆるジャンルの幻覚と幻聴で主役となり、愉しめたのです。以降、テーマパークは愚か、映画を見てもほとんど感情移入できなくなりました。脳が完全に誤作動してくれたから見られた完璧な幻覚に比べれば、張りぼてのテーマパークや、メディア越しの作り物など、フィクションの出来栄えとしては、紛い物のフェイク以外の何物でもないでしょう。

もちろん、化学的に幻覚や幻聴を誘発する薬物を勧めているのではありません。少なくともフェイク動画を見破るには、脳で幻覚を見た経験者が活用できると考えただけです。幻覚経験者に、メディア越しのフェイクかもしれない映像を鑑定させれば、偏見などという感情抜きでクールに見破れる可能性は高いのではないかと考えたのです。よって、薬物依存症から回復したい人々を後押しするリハビリとして、更には社会復帰の受け皿として、「フェイク鑑定」をさせてみるのはどうでしょうか。当事者としても、「フェイク鑑定」が天職ともなれば、全うしている間は病的な依存対象には戻らないと確信できます。

■依存するのではなく、委任できるメディア論。
(2020年11月18日)

スマホ依存症とは、一部で脳過労だとも言われています。よって、スマホを手放す時間を担保するデジタルデトックスが対症療法の様にされていますが、本当に正しい認識なのでしょうか。脳過労とラベリングするならば、読書の方が、よっぽど脳を酷使しているでしょう。スマホは、多くが流し見の情報摂取に使っているでしょうが、読書とは、ほぼ全員が文字を解読するという難度の高い作業に専従しているため、脳の過労も重度になるはずです。

よって著者は、スマホ以上に流し見できる形態で、選りすぐられた情報のみ提供してくれるテレビこそを、主な情報源として、メディア研究者が過労死しない様に工夫しているのでした。テレビこそ、最も安全なメディアです。

「★観光⑬」■平和の祭典オリンピックのルールは、理想論で。（2020年12月20日）

オリンピックのサッカーは、年齢制限でワールドカップと差別化を図っています。しかし、年齢を絞っても全世代での実力に大差がないため、大きな番狂せはなく、サッカーにおけるオリンピックは地味な大会として位置付けられて来ました。

そこでオリンピックを盛り上げるためにも、バスケットボールは、身長制限で他の大会と差別化を図るのが著者の持論です（拙著『パンク社会学』pp.130-131.参照）。詳しく説明すると、各国選手の身長合計に上限を設けるのです。パラリンピックのチーム競技では、公平性を期すため、各国選手が持つ障がいの度合い合計に基準を設けました。そのルールをヒントにしたのです。

著者が考える身長合計に上限を設定したルールの五輪バスケでは、大きな選手を揃えるとその分、小さな選手も入れなければ合計の上限をクリアできません。結果として、チーム編成が多様化すれば男子の場合、毎度アメリカのドリームチームが金メダルという興醒めは無くなるでしょう。オリンピックに限って多くの国にチャンスがある！身長凸凹チーム対抗のドリームマッチです。これまでのバスケファンも、未知の試合運びに興味津々となるでしょう。特に、身長より技術力に優る日本チームには、国民も『スラムダンク』の再現を期待します。

そしてオリンピックに勝つためのチームによる壮行試合には、メンバー選抜の変則ルールとその結果見たさに国内でも集客が見込まれるでしょう。

■勉強系や教育系ユーチューバーこそ、家庭の教育格差を超える。

（２０２２年８月７日）

結果論として、裕福な家庭の子どもが高学歴になっている格差問題は、お金でしか解決できないのでしょうか。塾に行かせるお金がない、予備校など論外だなどの家庭から悲鳴が、メディア越しに聞かされます。

確かに、ひと昔前までは、無料で勉強を教えてもらえる情報環境などなかったでしょう。しかし現在、ユーチューブを探せば、あらゆる教科を無料でレクチャー（授業）してくれる動画が、いくらでも見つかります。数学が得意だった著者も、すっかり忘れていた三角関数がすぐに無料のユーチューブ動画で教えてもらえて、思い出せました。

それだけではありません。受験勉強に限らず、あらゆる学びが、ユーチューバーを探せば無料で得られるのです。よって家庭の教育格差など、現時点では言い訳に過ぎないとまで言えるほどの恵まれた情報環境です。お金を払ってカルチャーセンターも通う必要ありません。ユーチューブで十分です。

逆に、パソコンの前に居ながらにして、あらゆる教養が無料で学べる情報環境にありながら、お金を払って、さらに出かけてまで教室に通う意義がわかりません。但し、著者の対面で行うライヴ授業は、いまここ（教室）にいなければ聴けない問題解決の必殺技《アウラ》を伝授しています（この本が出版後にも、新たなる時事問題は絶えることがありません。その都度、授業では必ずしも正解でなくとも唯一無二のキレッキレの解決策を提示して参ります）。

■生成ＡＩを使えば総合芸術。

（2022年9月27日）

生成ＡＩを使った絵画は、人間の創作ではないと批判される場合があります。ＡＩがデータを集めてコラージュしたに過ぎないと言われる事もあるのです。

しかし著者は、生成ＡＩを使った画像の制作とは、総合芸術の映画に近いと感じているのでした。生成ＡＩに指示を出した作者は、監督なのです。映画監督は、多くの作品で自ら演じませんし、美術も専門家に任せ、撮影も脚本も任せる場合が多いでしょう。その様な作品でも、アカデミー賞などでは作品賞とすべてに指示を出した監督賞が同じになるケースも多いのでした。

よって著者には、生成ＡＩで作られた芸術作品も、指示を出したのは人間で、監督という立場なら表彰されるに値すると考えられるのでした。

■性犯罪と不倫を抑止できる薬効の体験談。

（2023年2月7日）

重度の頭頸部がんが進行した著者は、2023年1月から抗がん剤治療と免疫療法を受けています。その時、副作用の1つとして、性欲の減退という意識をはじめて体感しました。

がん細胞の増殖を抑える薬効は、同時に繁殖のための性欲も減退させるケースもあるのでしょうか。但し還暦が近い我が身は、何も困りませんし、苦にもなりません。ましてや、自分らしさが損なわれたとも思えませんでした。なぜなら、繁殖を目的とする性欲が減退しただけで、目の前に好みの女性が現れたら、魅力は感じますし口説けるものなら口説くでしょう。ただ口説くとしても、それはあらゆる生物が抱く繁殖目的の性欲からではなく、文明人としての著者が抱く美学でした。

つまり、著者が被った抗がん剤の副作用は、異性に魅力は感じても、俄《にわ》かに性行為をしたいとは思わないだけの不思議な感覚です。抗がん剤とは、増殖能力が異常に高い細胞を狙い撃ちする効果があるため、がん細胞のみならず、発毛や生殖を司る細胞を活性化する機能も抑制する場合があるのでしょう。

世の中、プライバシーゼロでも構わないし、その場合は文明社会で相応の倫理観が生まれるはずだと考える昭和育ちの中でも特異な臨床社会学者として述べています。お恥ずかしい話ですが、がん治療薬の副作用が起きるまでは、電車で好みの女性を見つけただけで、時として性欲も湧いていた著者でした。それが、性行為をしたいという欲求だけが減退したのです。

よって抗がん剤の中から、性欲だけを減退させられる成分を取り出せれば、必ずしも万人には効かなくても、効くケースもあるのであれば、性犯罪の防止のために使える薬効だとひらめいたのです。そして、その成分だけで抗がん剤ではなく、性欲抑止薬を創って治安維持に役立てて欲しいと構想が広がりました。少なくとも性犯罪で有罪が確定した犯人には、性欲を減退させられるかもしれない薬が創れたら、投与を義務付ける法制度を提案します。再犯率の高い性犯罪だけに、少しでも再犯を抑止して、少しでも市民を守るためです。

そこで必ず、人権侵害の疑いがあると異議を申し立てる弁護士さんは現れるでしょう。しかし、前述した自身の経験則から、繁殖目的の性行為をしたいという欲求だけを減退させる薬効であれば、用途と効き目によっては人権侵害とは言い切れません。もちろん、薬効には個体差があるので、慎重な治験と研究開発が前提です。でも、性犯罪が依存症によるものである場合、刑罰だけでは再犯を抑止できません。

さらに、犯罪とは無縁の市民にも、希望者には性欲だけを減退させる飲み薬が開発できたら市販する事も検討して欲しいです。肉体的な不倫の防止につながるからです。極論ですが、不倫はしたくない、してはいけないと自覚している国民の多くが朝起きたら、牛乳かヨーグルトを飲むように、性行為をしたいという欲求だけを減退させる薬入りドリンクを飲んで日々を過ごせば、人格や人権を否定することなく、肉体的な不倫は減らせるでしょう。もちろん、無自覚の痴漢行為も減らせます。そして、イコールパートナーと性交する約束をした日の朝のみ、性欲減退ドリンクを飲まないという生活を馴染ませるのです。人類は自ら開発した薬効で、自身の性欲もコントロールして、性犯罪も不倫も克服できるのではないでしょうか。

「★観光⑭」■使い勝手の良いスポーツ観。
(2023年3月11日)

金銀銅なら、表彰台に立てるのは3人までですから、スポーツ競技には敗者の方が多いのです。また対戦式の競技なら、必ずどちらかが負けるのですから、敗因を考えるのも競技全体としては非生産的です。両者が勝てるルールなら、敗者の非を分析して修正すれば、人類は全員で進歩できるでしょう。しかし、必ずどちらかが負けるルールで、敗因を考えるのは建設的ではありません。もちろん、敗者には強くなってもらって、よりハイグレードな競技を見てみたいというのは、一見正論の様にも感じられます。ところが、勝利至上主義の結果、露《あらわ》になったのは、過酷なトレーニングによる選手の身体疲労やドーピングの問題です。人類が自らを痛めつけてはいけません。

では、スポーツとはどうあるべきだと報道するのが理想なのでしょうか。スポーツが各競技に細分化され、競技や種目ごとに使う身体機能が限定されて、特化されていくに従い、身体の一部分だけを過剰に鍛えることになるのは必定です。結果、人体は一部分だけに疲労を極めます。どう考えても、不健康でしょう。現時点では、ほとんどのスポーツが、身体の一部にだけ過剰な負荷をかけるので、健康に良くないのです。

よって、鍛錬など一切しないで、本番だけをスポーツ競技とするのはどうでしょうか。

ほとんど練習しない者同士で競い合って、勝ち負けを決めるのです。健康的でしょう。つまり、身体に良くない過酷な練習が前提のプロスポーツなど廃止して、実業団〇〇部の部員同士が、年に一度だけ競い合うのです。もちろん、その間健康に良くない過度な練習などはご法度です。だって実業団なのですから、平素は会社の正規業務に勤《いそ》しみましょう。スポーツの語源は、労働からの解放です。年に一度だけで十分ではありませんか。ＷＢＣ（World Baseball Classic）で、チェコのチームがそうでした。国内にプロリーグがないために、選手はそれぞれ正業に就いていながら、労働時間外に野球を練習しているのです。神経科医として仕事をするハシム監督も、「家族、仕事、スポーツ、３つのバランスが大事。」と公言していました。

それでは、これまでハイレベルの競技を楽しみにして来た観客が興醒めだという指摘も出て来るでしょう。しかしレベルなんて、相対的なもので、絶対的な基準などはありません。例えば、フィギュアスケートでは四回転ジャンプの時代に入りましたが、かつては二回転半でも最高レベルでした。よって、皆が同時に練習せず、ぶっつけ本番だけで競い合えば、そこで出た最も高度な技がハイレベルだとして観客も魅了するでしょう。

以上を前提として語る、スポーツジャーナリストが少しはいてもおかしくはないでしょう。繰り返しますが、スポーツの語源は、労働からの解放なのですから。

■誰もが味わえる簡単な自己肯定感。（2023年4月10日）

受験は、落ちたら、落ち込むのが自然ですが、悪魔の思う壺です。天使が微笑むように、落ちた学校には見る目がなかったのだと見下すくらいのリフレーミング（見方を変える考え）をしてみましょう。そして運良く受かった滑り止めになった学校こそ、見る目があったのだと考えられれば、その学校への愛着から愛校心も自ずと湧いて来るでしょう。無理な自校学習など必要ありません。受験では常に落ちまくって来た著者は常にそう考えて、大好きな学校を渡り歩いて参りました（拙著『サバイバル原論』pp.73–113.参照）。

就活も同様です。（貴殿のますますのご活躍を）祈られたら、通りいっぺんでセンスのない職場だと見下しましょう。逆に内定が出たら、自分を見る目＝センスのある職場だと馴染むべきです。

学校も、職場も、数えきれないほどある日本です。あなたの解答を評価してくれる見る目がある学校も、あなたの受け答えにセンスを感じてくれる職場も、数撃ちゃ！必ず当たるはずでしょう。少なくとも、著者は当てて来ました。いや、当たったと信じて、今まで自己肯定感を維持できたナルシストなのです。

■年長パートナーへの信頼感。
（２０２３年６月５日）

学生から、好きなタイプはと聞かれると、必ず年上と答えて驚かれる著者でした。小学生の頃から、周りが可愛い天地真理さんを推しているのに、一人で大人びた八代亜紀さんに興奮していた天邪鬼だったのです。お二人は一歳しか違いませんが、ナルシストの著者が八代亜紀さんに惹かれた心は、苦労された経歴や歌う大人びた世界観からでした。そして、勝手にこれほど男性経験を積んだと思える女性から認められてこそ、自分は一流だと幼心に計算していたのです。確かに、頭がおかしかったのかもしれません。

しかし大人になって、もう少し言語化できるようになると、たくさんの男性と恋愛関係を経た上で、これまでのどの男性よりも自分を高く評価してくれる女性が、理想の相手だという考えにたどり着いたのです。

著者のイコールパートナーは中学の同級生ですが、結婚した時、彼女はバツイチでした。しかし著者は気にするどころか、光栄だったのです。そこには、これまでにパートナーシップを経験した上で、改めて著者を選んでくれた決断への敬意と選ばれた栄誉があるのでした。よって著者はこれまでも、異性に対して年上好きを公言して来たのです。付き合うなら、なるべく多くの男性との関係を経た上で、それでも著者を選んでくれた決定にこそ信頼がおけるからです。

著者は万が一、経験値の少ない若い女性から一目惚れされても、決して溺れることはありません。なぜなら彼女は、これからたくさんの男性を見て、目移りするのが必然で、それが人間の進歩ですから。その上で、改めて著者を選んでくれたら、光栄でしょう（この話は、授業後のミニレポートで、ある女子学生から、「恋愛観が変わりました！それだけでも、この授業を取ったかいがありました。ありがとうございました。」とのメッセージをもらいました）。

■高齢者になったら、勝手に明るい展望。
（2023年6月13日）

定年後の著者は、妻と2人で旅行三昧の予定でしたが、不治のがん治療の果てしない継続と後遺症で、外泊や外食が難しくなってしまいました。これも運命です。

そこで万が一定年まで生き残れた場合の余生です。仕事以外の付き合いが少ない男性が家にいるしかなくなった場合、やる事がなくて、アルコール依存症に陥るケースは、専門病院に入院していた著者もコンスタントに見て来ました。現在、もうすぐ断酒10年を迎える著者は、一番安楽なメディアとしてテレビさえ見ていれば大丈夫だと強弁を張って来ましたが、本当に再飲酒しないでしょうか。したら、戻れない地獄を経験しているので、アルコールは飲まないでしょう。

ならば、テレビより刺激的な世界観を探してみると、画像が格段に進歩しているビデオゲームが、限りなく幻覚の映像に近づいていて、更なる伸びしろも感じさせてくれています。但し、メタバースのように現実の模写ではありません。仮想現実におけるデジタルツイン（もう1人の自分）は、どんなに現実に近づけたとしても、照らし合わせる現実がある限り、繊細な脳がニセモノだと認識し続けるでしょう。しかし、ハナから現実離れしたファンタジーの世界観を展開すれば、参照する現実がないので、完成度さえ高ければ、没頭できる可能性もあるのです。

著者は、アルコール依存症から回復する瞬間、酒が抜けた脳が混乱して、様々な幻覚を見て来た離脱症状の経験者です（拙著『脱アルコールの哲学』pp.28-30.参照）。今さら、フィクション丸出し現実を描く映画やドラマ、メタバースなどには没頭できません。そして元々、人間不信だったため、友だちがほとんどいません。そこで定年後、生き残っていられたなら、寂しさ紛らわせるように、再飲酒しないためにも、これまで通りに大好きなテレビ番組を見るだけではなく、同じモニター画面で、現実の模写ではなく、ハナからあり得ない世界観を展開してくれるタイプのビデオゲーム操作に邁進しようかと考えはじめました。

すると意外にも、東京藝術大学卒の妻（声楽家）もゲーム映像の素晴らしさから興味を示し始めたのです。著者の予後では現実の旅行が叶わないなら、夫婦2人で現実に代わるビデオゲームの世界観へフルムーン！コロナ禍に考えられたメディア越しの観光は、あくまで現実の代替案でした。メディア研究者の著者にとって、本来メディア越しでしか体感し得ない世界観とは、現実にはあり得ないヴィジョンでなければ、有意義だとは言えません。

テレビのニュース番組でも、内容が進歩する度に紹介されるビデオゲームの最新映像は、現実離れした異界であるため、その筋書きもスティーヴン・キング原作でＳＦホラーの秀作映画『ミスト』のような残心を怠らない物語も期待できます。定年を迎えて、生き残っていたら夫婦２人でハマってみようかな。もう戻れなくなっても構いません。愚行権（他人に迷惑をかけないなら、何をしても構わない権利）の行使です。さもしい現実の向こう側（明るい光の源）に行けるのかもしれません（拙著『現代文化テクスチュア』pp.131−143.参照）。安楽死に代わる、夫婦２人でビデオゲームの向こう側へ昇天死ができれば、著者は納得です。もちろん、社交的な妻は生き残ってくれても、構いません。

「★観光⑮」■阪神タイガースを応援するという独自の文化現象。
（２０２３年６月18日）

前田研究室では、２年に１人くらいは卒論のテーマにするのが、阪神タイガースです。近畿大学教授の著者も近大卒の佐藤輝明選手を、その不敵なメンタルも含めて応援しています（拙著『サバイバル原論』p.108.参照）。そこで、ゼミ討論でも良く賛否が問われるのが、阪神ファン独自の応援における品位でした。例えば、阪神が勝っている試合におけるファン総動員での「あと１人」コールは、相手への敬意に欠ける応援だという批判と相手にプレッシャーをかける応援も含めて阪神の実力だという賛同に意見が分かれます。

著者は、長い歴史と長いリーグ戦で全てのチームとファンが旧知の愛着ある関係であれば、どの様な応援でも、これまで行われて来て馴れ親しんだ行為だと、慣習法の様に認めても構わないのではないかと考えます。必ずしも一般論における倫理観を反映させる必要はないでしょう。但し、あくまで日本のプロ野球という閉じた生態系の中だけです。同じ野球でも、日本の代表チームが外国のチームと試合をする時などで「あと１人」コールは、ハラスメントや誹謗中傷に近いマナー違反と受け取られても仕方ないでしょう。国際法に近いマナーを守りたいものです。

そして改めて、日本のプロ野球という閉じた生態系の中で、阪神タイガースを応援する役割と意義ですが、言うまでもなく関西独特のコテコテやボケの文化を象徴してくれています。さらに、甲子園まで観戦に来てくれたインバウンド（外国人観光客）の多くは、感情表現が乏しいとの先入観を抱いていた日本人が、こと阪神の応援に至っては、感情を爆発させているスタジアムに同居できたことに感動しているというのです。同様のインタビューをテレビで何度も見ました。

そこで、「あと１人」コールですが、２０２３年６月17日の交流戦では、「あと１人」コールの果て、阪神はソフトバンクに大逆転され、負けを喫してしまったのです。こんなオチをつけてくれることもあっておもろいから、阪神ファンのコテコテで品位に欠けると言われる応援もボケては愛され、続くのでした。そして、日本のプロ野球という閉じた生態系の中では文化現象として許容されるのではないでしょうか（２０２４年６月１日の同じく交流戦でも、阪神はファン総動員の「あと１球」コールから、ロッテに逆転されています。阪神ファンの悲鳴は、スポーツ紙の一面を飾りました。もはや「あと１人」も「あと１球」も、年に一度はどんでん返しが起きる！風物詩として、認めても良いのではないでしょうか）。

余談ですが著者が学生の頃、東京六大学野球で母校、法政大学の応援に神宮球場へ行った時のことです。時に対戦相手の応援席から、関西ではお馴染みの作曲はキダタロー楽聖！放送禁止ソング「アホの坂田」をもじった「アホの法政」の歌で野次られました。１９８０年代の話ですが、確かに当時は、東京六大学の偏差値で一番低いとされていたのが法政大学だったので反論もできません。それでも、試合に勝って溜飲を下げたり、負けては「あと1人（1球）」コールの果てに逆転された阪神ファンのように、もっと悔しがったり、巷の倫理観を超えた悲喜こもごも含めて、エンターテインメントだったのです（拙著『サバイバル原論』p.89.参照）。もちろん、東京六大学野球という閉じた生態系の中での物語でした。当時の著者は勝手に、偏差値でも戦力でも中途半端なポジショニングをとる明治や立教より、早稲田か法政の応援席が最も東京六大学野球を楽しんでいたと自負しています。因みに阪神には、法政から田淵幸一さん、江本孟紀さんといったメディア映えする鬼才を送り込みました。

そして、日本人が最も入れ込めるチームスポーツは、唯一日本語に翻訳されて馴れ親しんだ野球でしょう。WBCは、ベースボールに野球が勝ったからこそ、日本中が沸き立ったのです。サッカーは蹴球として馴染まないでしょう。

■勝手にラディカルな進歩史観。（2023年7月5日）

生成AIにレポートを書かせると、本人の文章力が育たないから良くないと言われていますが、正論でしょうか。

昭和の時代、1972年に小型電卓が発売された時、学校では使用禁止でした。暗算の力が育たないという理由からです。しかし現在、スマホにまで計算機能は付いており、誰もが必ずヒューマンエラーの出る不確かな暗算より、計算機に適応して素早く確実な計算をして、その結果から新たな作業、生産活動を行っているはずです。

そこで令和の学校でも、生成ＡＩで書ける文章は任せて、その原稿を叩き台にして新たな研究活動を行うのが、進歩的な探究や授業のありようではないでしょうか。

以上は、著者にとって歴史的な帰結とも言えます。さらに、現在未解決の大問題を例に挙げて、その先には収束する未来を予測してみましょう。

現実は、一つの断面ではありません。例えば、東京電力福島第一原発における世界最高水準の多核種除去設備（ＡＬＰＳ）で浄化した処理水の海洋放出に対して、日中韓の原発で最も少ない量のトリチウムしか含有していない処理水だと政府が説明し、ＩＡＥＡ（国際原子力機関）までもがお墨付きを与えても、それは日本の現実に過ぎません。これまで、はるかに多い量のトリチウムを含有した処理水を海洋放出して来た原発を有する近隣諸国が、日本の処理水だけに反対して来たら、それがその国の現実的な反応なのです。また日本の国内でも、放出海域の漁業従事者が反対すれば、それも彼らの現実からした態度表明でしょう。そして、それぞれの現実は噛み合いません。

それでも著者は、歴史が解決してくれると信じています。

ここで前のエピソードに戻って参照します。１９７２（昭和47）年に学校での電卓禁止が正論だった時代から、今やスマホの電卓で素早く計算した結果を元にして、迅速に次の作業や探究へ向かうのが当たり前の時代になりました。人間は、便益となる現実に、様々な現実を擦り合わせる術を持っているのです。時間は掛かるかもしれません。しかし歴史をなぞれば、確実に便益をもたらす結末になって来ているのです。きっと、処理水の放出後は、良い悪いでなく、人間に便益をもたらすのが、処理水の黙認だという決着に進むでしょう。
このままで良いのです。だって、生まれ変われるとしたら、皆さんはいつの時代に生まれたいですか。著者は常に今の時代です。

「★観光⑯」■続・使い勝手の良いスポーツ観。
（2023年7月6日）

アスリートを無理に鍛え上げるテクノロジーは放っておくと過剰なまでに進化します。例えば、様々な角度に置かれた複数のカメラで撮られる画像の高度な解析技術は、データを反映できた選手のレベルを格段に上げるでしょう。実際、最初に取り入れたプロ野球チームは、その年だけ頭抜けて優勝しました。ところが、次年度から全てのチームが導入すると、元の順位に戻って元の木阿弥だったのです。結果、スカウトでもない一般客の眼には、全ての選手とチームにレベルの向上が感じられなくなりました。

ファンの主たる関心は、勝ち負けのゼロサムゲーム（味方が喜んだ分だけ、敵が悔しがるのが全試合）です。つまり多くの観客にとって、勝ち負けに比べれば、競技のレベルなんて二の次で、相対的なものです。ならば、結果として選手に過剰な身体改造を強いる事になる画像の高度な解析技術を、全てのチームが取り入れても取り入れなくても、スポーツ観戦の醍醐味は同じなのではないでしょうか。どんなに素晴らしい身体機能を発揮しても、負けたら多くのファンは納得しません。逆に、どんなに拙（つたな）いプレーでも勝ったら、多くのファンが喜ぶのです。勝ちさえすれば試合後、拙いプレーも珍プレーとして笑い話に出来るし、テレビでも特集が組めるでしょう。つまり競技スポーツの醍醐味は、多くの場合勝ち負けに終始するのでした。もちろん、スーパープレーに歓喜する一部のファンはいます。しかし、その期待がアスリートに過酷な身体改造を強いる事にもなりかねない技術の暗黒面にも目を向けるべきでしょう。

団体競技の場合、個人がどんなに鍛え上げられたプレーを披露できても、チームが負け続ければ、多くのアスリートは優勝を狙えるチームへの移籍を望むでしょう。優勝できるチームなら、選手たちの総合力が高いため、個人が無理やり身体改造する必然性も少なくなります。

上記を前提として語る、スポーツジャーナリストも少しはいてもおかしくはないでしょう。

■カウンターカルチャーとして存在意義のある関西。
（2023年9月11日）

ジャニーズ事務所が、ジャニー喜多川氏による性加害を認めた最初の記者会見を伝えたテレビ番組で批評精神に、東西の温度差が感じられました。毒舌で鳴らした関西出身の司会者二人が、日曜日の冠番組で明らかに違う対応を見せたのです。

まず、上沼恵美子さんは自身の関西ローカル番組において、全部知っていたと明かした上で、最低、恥さらし、謝れ！と罵り、批評精神を爆発されました。対して、和田アキ子さんは自身の東京キー局番組において、明らかに奥歯に物が挟まった物言いで、毒舌は鳴りを潜めて、批評精神も不発だった模様です。

この象徴的な比較検討からも分かりますが、誰に気兼ねする事なしに悪事を批判するなら、足場は「関西」が保証してくれます。関西のテレビ局では、平時はいざ知らず、いざという時に忖度無用の空気がスタジオにも用意されているのでしょう。実際に、何でも言えるからと関西に拠点を移された東京の評論家もいるくらいです。

かくいう関西出身の著者も、予備校、大学、大学院と東京で過ごしたにも拘らず、本格的な批評活動が始められたのは、近畿大学教授になってからです。言論人たる者、依って立つ風土は、大切でした。

「★観光⑰」■阪神優勝なら即日現場で、誰にも迷惑をかけないファン感謝祭。
（2023年9月15日）

甲子園球場で阪神タイガースがリーグ優勝して、ファンが狂喜乱舞のあまり、近隣の治安も悪化したと指摘するファン以外の市民が確実にいます。そこで、日本シリーズで再び甲子園で阪神が優勝した場合、球団が対策を立てられないものでしょうか。

前田研究室の授業で、ゼミ生から問題提起された著者は即座に、優勝を決めた甲子園球場に乱痴気騒ぎしそうな大人のファンだけ、朝まで居残らせてビールを振る舞い、選手たちと同様にビールかけに興じさせてはどうかと答えました。公衆衛生の政策として掲げられるハーム・リダクション（harm reduction：二次的な被害の低減）と同様の考え方です。実際にオランダなどでは、一部の薬物依存症者などに一定の薬物を与えて安全な場所で行動を制限する政策が取られていました。

球団提供のビール飲み放題によって、フラフラになった大人たちは愛する甲子園球場で一夜を明かして下さい。結果、空いている始発で、誰にも迷惑を掛けることもなく帰ってもらいます。大人しい日本人が珍しく熱狂する阪神の応援席は、ニッポン観光の目玉にもできる今日です。優勝時はインバウンドも呼び込めば、（道頓堀ではなく）市民に迷惑をかけない甲子園で自己完結できる閉じた生態系が、海外のガイドブックにも注目してもらえるお祭りアクティビティになると前田研究室では勝手に結論付けられました。

「★観光⑱」■タトゥーに関する温泉宿の国際対応。（2023年11月27日）

温泉宿で、刺青のある日本人に対してヤクザではないかと不安感を覚える日本人客がいるのは事実です。しかし、タトゥーが必ずしも反社会勢力の象徴ではない外国からのお客さんはタトゥー禁止に反感を覚えるでしょう。よって、国際理解が日本の内外に浸透するまでの善後策を考えました。

男湯と女湯は、タトゥー禁止にする代わり、タトゥー専用の湯を設けるのです。さらに、タトゥー専用に湯には、「タトゥー以外の方も歓迎」と但し書きを加えましょう。

そして、好奇心からでも、タトゥー専用の湯に入ったタトゥー以外のお客さんからのアンケート結果で、問題なしの回答が１００％になった時点から、全ての湯でタトゥー解禁とするのです。温泉宿の内外から異論が少ない善後策ではないでしょうか。

「★観光⑲」■被災地の理想は、テーマパーク。
（2024年2月1日）

能登半島地震から1ヶ月経っても、被災地はゴーストタウン化して、決死の炊き出しが行われている現状は、全世界に失望を持って配信されています。先進国の中で、被災地の復旧に関しては、最も発展途上国なのが日本でした。

被災地の復旧でお手本とするべき先進国の一つは、日本と同様に地震も多いイタリアです。震災直後、日本では体育館で雑魚寝が当たり前でしたが、イタリアでは即座にグランピングと見紛うばかりの立派なテントが立ち並びました。各地方自治体が、保有しているのです。よって、足りなければ被災していない隣の自治体から、いくらでも補填できました。そこでは非常食や炊き出しという段階を踏むまでもなく即座に、温かいパスタと肉料理などが振る舞われます。まさにテーマパークではありませんか。日本政府は即座に見習うべきです。

行政が動かないなら、民の力で手本を示して欲しい。政府の保養所を買い取って、周囲にある自然と共生しながらテーマパーク、ネスタリゾート神戸を成功させた稀代のマーケター、森岡毅さんに外注すれば、被災地にグランピングも容易に供給できそうでしょう。それなら、政府がいくら税金を支払っても、全国民から文句は出ないどころか、被災してもテーマパークに居られる入場料として納得してくれるはずです。これぞ、文化。イタリアが先進国な訳ですが、サンリオピューロランドがインバウンドで溢れている様に、日本は巻き返すのがお家芸でしょう。

以上、時事問題に関する膨大な量の授業ノートからの抜粋でも分かるように、著者は型破りな解決策（および始末をつける残心）の手本を、大学で講義して参りました。

改めて、なぜ荒唐無稽な手本を示すのかというと、著者の目の前にいるオーディエンスは、必ず正解のある受験を経て来た多くの学生たちです。彼ら彼女たちの脳内は、模範解答しか許されないという思考回路になっているのです。そこで、現実に未解決の時事問題には、唯一無二の解決策などないと説くのが、時事問題を扱うジャーナリズム教育の大学授業のはじまりでした。そして我々にできる事は、少しでも可能性を秘めた解決策の選択肢を、できるだけ多く提出する事ではないだろうかと受験直後の学生たちを挑発し、パンクな持説を披露して見せているのでした。

著者の型破りな手本を見届けた上で、ようやく授業後に提出するミニレポで、学生たちも臆することなく、次世代ならではの斬新な解決策を示してくれるのです。

そして回復しているアルコール依存症者の著者にとって、大学におけるジャーナリズム教育とは、学生たちが時事問題に出会《でくわ》す度、即座に解決策を考えてしまう回路を脳内に構築することです。それ即ち、問題発見と解決を繰り返す健全なワーカホリック（仕事依存症）を涵養することだと考えています。お酒があまり飲めない体質の著者は、少量ずつでも連続飲酒した経験則が、アルコール依存症に繋がってしまいました。次代を担う学生たちには、週一回のミニレポでも、15回続けて時事問題の解決策を提出し続けてくれたら、きっと中には問題発見と解決の健全な依存症になる回路が脳内に構築される人間が現れると確信しています。

III

残心の教え

日本人には、〝残心〟の教えが子どもの頃から響いているはずです。例えば、小学校で放課後に教室の掃除をクラス全員が担当するなど、契約社会の欧米ではあり得ない後始末の習慣でしょう。学びは、授業時間だけでは終わらないからです。それが延いては大人になっても、スポーツの国際試合で応援に駆けつけた場合、たとえ他国のスタジアムであっても、日本人の有志は試合後に座席周辺を掃除して帰る姿〝残心〟として、ユーチューブで配信されています。そして、世界から称賛されるのでした。

但し、これは唯一無二の正解ではありません。する／しないは個々人の価値判断で選べるマナーの領域でしょう。しかし、マナーが普及すれば、身近な社会問題から解決してゆくメドがつくものです。例えば、法律では許される範囲の生活音であっても、個々人に近隣者を尊重する心と自戒する心があれば、ご近所トラブルに発展せずに済むはずです。よって、不文律である〝残心〟の教えも拡がれば拡がるほど、様々な時事問題を解決する動機づけにもなると著者には拡大解釈できるのでした。

それでも第Ⅱ部では、なんと荒唐無稽でパンク（型破り）な解決策の数々だと思われた読み手も多いでしょう。しかし繰り返しますが、大学では、教授がこれくらい斬新なお手本を示さなければ、受験勉強で模範解答に慣れてしまっている学生たちから、全く新しい発想など引き出せないのです。

大震災により、想定外の津波が押し寄せて来た時、平地に設定された地震の避難場所という模範解答を度外視してでも、ひたすら山手に登って難を逃れた子ども達がいました。地震の後、津波が来るまで、〝残心〟を怠らず考えた末に生き残れたのです。そんな型（模範解答）破りの選択肢も考えられる次世代を養成するのが、思想の自由市場たる大学の使命ではないでしょうか。

そして現在、著者のパンクな解決策を聴かされた学生たちは、唯一無二の正解でなくとも独自の解決策を臆することなく提出してくれているのです。

著者は、2度のがんと重度のアルコール依存症で、死と直面する度に、自身の思考回路からは無駄な決めつけや偏見が消えてゆきました。でなければ、生き残れるという選択肢はなかったのです（拙著『2度のがんにも！不死身の人文学』参照）。結果、教育者が本来持つべき澄んだ審美眼で、次世代の学生たち個々が持つ独自性（to hen）を見出そうとしているのです。よって著者は、学生の意見や提言を絶対に全否定しません。たとえ違和感を覚えたとしても、師弟両方が納得の行くまで表現を吟味して、共感できる言葉に落ち着くまで工夫するのでした。それが思考する言語を丁寧に扱う文芸学部の教育現場であるべき姿だと心得ているのです。

社会に出たら、どんな仕事に就いても、就かなくても、人生の選択に模範解答はおろか、唯一無二の正解もありません。それでも始末をつけるために、何らかの解決策を講じなければならないのが運命でしょう。それが〝残心〟に当たります。

義務教育を卒業して、高校まで終えたのに、どうして大学まで行く必要があるのかというと、大学教育こそ、高等教育における〝残心〟だからです。高校までで、社会で生きていくには十分な知識も知恵も身に着いている人が多いのかもしれません。それでも、何が起きるか解らない長い人生において、未知のアクシデントに遭遇した場合、解決策がないからと適応障がいに陥らないためにも、少なくとも4年間は、あらゆる課題に解答する思考実験に明け暮れて欲しいと大学教授の著者は考えているのでした。

実際に、著者はまず法政大学の社会学部4年間で、メディアで未解決の問題に対して唯一無二の正解でなくとも勝手に解決した答案を作成する学究人生を始めました。さらに、成城大学大学院の文学研究科コミュニケーション学専攻でも長々と勝手な思考実験を続けた果てに、その研究成果が評価されて近畿大学文芸学部の専任講師になれたのは幸いでしたが、2007年、ステージ4に近い下咽頭がんと診断されたのです。それでも、あたふたしなかったのは、大学時代からあらゆる課題に唯一無比の正解でなくとも解答する思考実験を繰り返していたからでしょう（拙著『サバイバル原論』pp.88-105.参照）。結果、自身のがんに対しても容易に俯瞰（客観視）できました。

さらに具体的な例を挙げます。2023年9月頃には、不治の（正解のない）がんの5月に受けた口腔手術で剝き出しになった左下顎の骨が腐り、骨髄炎を発症しました。実は同時にがんの再発だった病巣も深刻になり、手の施しようがなくなったのです。左下顎は一日中、鈍痛で、食事の度には口内で針を突き刺すような激痛が続き、涙が止まりません。肉体的にも精神的にも地獄に苛まれた著者です。処方された医療用の麻薬、オキシコンチンも効かず、量は増える一方でした。よって治らない痛みを克服するには、自身の脳で痛みを感じなくするしかないのでした。この窮地を乗り越えてこそ、万策尽きた後の〝残心〟と呼べるのではないでしょうか。

但し、著者には経験則がありました。2007年、ステージ4に近い下咽頭がんの手術を受けて入院中、好きになった看護師さんに格好いいところを見せようと虚勢を張っては、どんな処置にも痛くないと言い張っていたら、本当に局所麻酔なしの手術でも乗り越えられた経験値があるのです（拙著『楽天的闘病論』pp.32-33.およびp.49.「痛みも、恋の力で乗り越える」参照）。たとえ最初は強がりであっても、それで苦難を克服できると信じてこそ、どんな難題でも自身の脳が解消してくれるのでしょう。その様な思考実験を重ねては、自身が最善の策と考えられる治療法を選択できるようになったのです。

しかし、自身のアルコール依存症を認めて、回復に至るまでは難題でした。自身の脳が誤作動を起こしている精神疾患のため、簡単には俯瞰などできません。それでも、イコールパートナーである妻の助けを借りながら、完治できない（唯一無二の正解のない）依存症の回路を眠らせたまま断酒10年を超えられました。それはまさに、どんな課題にも独自の解決策を講じる思考回路が大学時代からでき上っていて、強力な依存症の回路を意義のある断酒の回路で上書きできたからとしか考えられないでしょう（拙著『脱アルコールの哲学』参照）。

そして現在は、2度目で不治の（正解のない）がんを、顔半分ごと切らずに顔を残して眠らせる治療法を選択し、あらゆる課題を解決して来た思考回路で難局を上書きしているつもりです（拙著『2度のがんにも！不死身の人文学』参照）。

唯一無比の正解でなくとも、即座に解決策を出す。これが、長い人生をサバイバルできるコツであり〝残心〟だと言えるでしょう。正解は、歴史が決める事です。そして、どんな荒唐無稽で型破りな解決策でも、思考実験できる高等教育の〝残心〟が、大学時代に当たるのではないでしょうか。

キャンサーパンクの〝おわりに〟

――強がりの自己成就（Nudge）――

本書の副題で自身を達人などと銘打ちましたが、著者が、本当に最強で無敵なら、アルコール依存症にはなっていません。メンタルが弱いのにナルシシストである著者は、虚勢を張っては、虚勢を実現しなければならない宿命を背負って生き残って来たのです。まさに予言の自己成就と言えるでしょう。

God grant me
the Serenity to accept the things I cannot change,
Courage to change the things I can,
and Wisdom to know the difference.

神さま わたしにお授けください
変えられないものを、受け容れる泰然と、
変えるべきものは、変えてみせる胆力と、
（その違いを理解した上で、）両方を併せ持つ賢才を。

以上の英文は、アメリカの神学者、ラインホールド・ニーバーによる祈りの言葉とされ、アルコール依存症から回復するための自助グループ、ＡＡ（Alcoholics Anonymous）で渡してもらえるお酒をやめた年月を刻印した記念メダルにも併記されています。２０２４年12月で断酒11年目に入った著者は、11年メダル。邦訳は、記念メダルを常に携帯して飲酒欲求を抑止している著者ならではの意訳です。そして、それは完治しない依存症と同様に、不治のがんにも絶望する事なく、対応できるヒントが込められていると勝手に解釈しているのでした。

「はじめに」でも引用した実例ですが、２０２３年5月1日、京大病院で完治できない頭頸部がんの抗がん治療と免疫療法を受けるために4回目の入院を終える前日のアクシデントです。退院前日、治療の効果を見るために、ＭＲ検査を受ける問診で、著者は意識を失いかけ、心筋梗塞を引き起こしました。その場で、直ちに心臓カテーテルの緊急手術を受けて、一命を取りとめましたが、もし翌日に退院してから、心筋梗塞を発症していたら、そのまま死んでいたかもしれません。結果論ですが、常に生き残ると公言しておいては、運命を引き当てている著者でした。

また前述の２０２３年9月頃から苦しめられた左下顎の骨が腐る骨髄炎とがんの再発は、舌の付け根の左辺りが常に痛く、食事の度に食べ物が患部に当たっては激痛が走り、汁が浸みると涙が止まらないほど口内を裂くような痛みが走りました。そのため著者は、心身ともに追い詰められて来たのです。しかし、17年前の下咽頭がん治療で放射線を当てた部位なので、毛細血管が再生せず、治療の方法がありません。その時は一生、毎食、地獄だと観念しました。それでも、お腹に穴を開けて胃に直接、食物を送り込む胃ろうという選択は考えられません。著者にとっては、どんなに激痛に苛まれようとも、口内調味で愉しめる味覚が微かにでも残されている身体が、文明人の証だったのです。もちろん、この価値観も、唯一無二の正解ではありません。まさにがんを逆手に取って、型破りな言論活動を展開するキャンサーパンクの著者が掲げる美学です。

2023年。この1年は、何度絶望したか、わかりません。こんなにも死に直結した絶望を繰り返したのは、人生で初めてです。でも絶望は、二日と続かせませんでした。翌朝には必ず、このままで、終わってたまるか！それは、思春期に厳格な精神科医の父から教育虐待を受け、テストの点数が90点を切ると血が出るまで殴られる度に抱いていた闘争心と同様。そんなマグマを滾《たぎ》らせて参りました（拙著『脱アルコールの哲学』pp.19–23.参照）。

がんの主治医からは、がんが再び暴れ出したが直ぐには死なないから大丈夫だと言われて安堵する自身の価値観が構築されているのも不思議でした。同級生の開業医からは、がんが暴れ出したと聞いても安心できる著者の心身は、もはや超人の域だと言わんばかりの評価を頂きました。余談ですが、この頃すでに、自身も還暦を過ぎたのに、頭髪に殆ど白髪がないので、不老不死だと勝手に居直っていたのです。そして口腔の激痛ですが、不治のがんが原因の症状だけに、治らない痛みを克服するには、虚勢を張ってでも、自身の脳で痛みを軽減させていくしかなかったのです。2007年、下咽頭がんの手術を受けて入院中、好きになった看護師さんにモテたいがために、術後の麻酔が切れても、痛くないと強がりを続けた結果、本当に痛くなくなったように。まさに予言の自己成就は経験済みです（拙著『楽天的闘病論』pp.32–33.およびp.49.「痛みも、恋の力で乗り越える」参照）。

治療における痛みの克服体験では、虚勢でも張り続けていれば、見えない力が人生を後押ししてくれるという意味での〝ナッジ〟(nudge)が働いてくれている様な気がしていました。少なくとも、そう信じていれば、プラセボ(偽薬)効果の様に、自身の免疫反応を強くしてくれるはずです。それを証明するためにも、著者は生き続けなければなりません。それも、ライフワークである大学のライヴ授業が続けられる心身の状態で生き続けるのです。そして授業は、報道の残心として、時事問題の解決策を自身で提示し、さらに次世代の学生たちもが提出できるように導き続けるのです。

これまで繰り返して来た、正解は歴史が決めるという考え方は、わかりにくいかもしれません。がんと共生しながら、曲がりなりにも対面の授業ライヴができている著者が、歴史という概念を痛感した言葉の相互行為がありましたので、最後に紹介しておきます。

2023年度前期、不治のがんを抱えてライヴ授業やオープンキャンパスに奔走する著者に、近畿大学の教職員の皆様は掛ける言葉にも困っていらっしゃったと思います。本当に申し訳ございません。著者が逆の立場でも、困るでしょう。「大丈夫ですか。」と声を掛けても、大丈夫なはずがありませんから。良かれと思った声掛けが、異常な状態に置かれている病人には必ずしも良い後押し〝ナッジ〟にはならず、精神的に突き落とす場合もあるからです。もちろん、自身で自身に不死身だと言い聞かせている著者は、余程のことがなければ、何を言われても平気でしょう。少なくとも、平然を装えるはずです。いつ何時も、心に念じる言葉は、このままで、終わってたまるか!

現在、文化・歴史学科の中で、現代系の科目を担当する著者ですが、授業においては使命感を持って、次世代の学生たちに、自身の病状と治療のプロセスを包み隠さず説明しています。しかし、教職員の皆様には、詳しく説明する機会もなく、またあまり詳しくお知らせしてしまっては、その後の著者への対応に苦慮させてしまうとも著者は考えました。よって、著者にできる校務とできない校務をご理解頂くために、治療のスケジュールをお知らせする以外は、廊下や通勤途中でも、できる限り教職員の皆様とは、接点を持たない様に心掛けたものです。

ところが、当時文化・歴史学科の主任教授だった先生から、思わぬ希望を与えてもらいました。著者は、不死身だと強弁を張りながらも現実には、いつ死んでも悔いがないようにと半期ごとに全力疾走で、対面のライヴ授業をこなしていたのです。そして、後期の1年ゼミへの希望者が定員を大幅にオーバーしていながらも、(最後になるかもしれないから、)後期だけなら全員引き受ける覚悟をしていました。

そこへ主任教授から、「もし、前田先生が担当した定員超過の人数が全員、3年次から正規のゼミを希望した場合、どう対応されるのですか!?」「(2年後を考えて、)定員まで選抜してはどうですか。」と言われたのです。不死身だと強弁していた著者ですが、内心とにかく後期の授業を全うすることしか考えておらず、2年後のヴィジョンなど描いていなかったのが正直な内心でした。それを、学科の主任教授は著者が2年後も、授業ができる状態で生き残っている前提で、話して下さったのです。これこそ歴史が決める正解に向けて、そっと後押ししてくれる〝ナッジ〟となり、心底嬉しかったです。今回、主任教授から直接、著者の2年後を話して下さったお言葉には本当に感謝しています。その時、前向きに念じた言葉も、このままで、終わってたまるか!

そして2024年、著者は今日も大学で時事問題を解説し、学生たちには報道の残心として唯一無二の正解でなくとも独自の解決策を捻り出させているのでした。まさに著者の教授人生においても〝残心〟です。

慎みあるナルシストで、虚勢を張りながらも、いざという時にはどんな難局をも諦観できる〝いき〟を極めた様な振る舞いを見せて来たと自負している著者です。しかし、大学で自己実現の欲求（Self-actualization）を叶えた先にあるのは、自己超越（Self-transcendence）とでも言うべき次元でしょう。自身のがん（身体）や依存症（精神）を完全にコントロールするためには、見た目は普通に謙虚でありながらも、深い経験値から多様な創造性を秘めた自己超越者（Transcender）と化すしかありません。筆舌に尽くしがたいレベルなので、ここでは以上です。できれば、ライヴ授業で生身の身体をもって示し続けます。

附記

本論は、著者が口頭発表した「報道とジャーナリズム教育の残心――問題発見と解決を繰り返す健全な依存症の涵養」（第75回関西社会学会大会一般研究報告、2024.5.26. 於：大和大学）で提出したフレームワークを使い、多岐に及ぶ時事問題及び事例研究などは大幅に加筆・修正した内容です。

また闘病に関する当事者研究の一部は、著者が行った基調講演「脱アルコールの哲学――理屈でデザインする酒のない人生」（鳥取県県民カレッジ連携講座『アルコール健康障害と薬物依存症を考えるフォーラム』主催：鳥取県、於：境港市民交流センター・2023.11.26.）でも開示し、時事問題に対する解決策の一部は、著者が行ったミニ講義「超現代史！早くも２０２３年度のニュースを振り返る」（２０２４年近畿大学オープンキャンパス、2024.3.24.）でも公開した内容です。

附論

フェイクを超克する空間の情報学

——問題の情報が散在する地図から読める「内容」は、「空気」か、「思想」か——

「内容」中心主義への招待

本論では、時事問題の解決策を探って参りましたが、肝心のニュースが虚偽であったら、どう対処すれば良いのでしょうか。それを考えなければ、本書は完結しません。

人間は自然の一部です。決して自然を超える神ではありません。そんな人間の営為でもあるフェイクニュースが高度化して、ディープフェイクとラベリングされるまでになって、誰も真偽の見分けがつかなくなったケース、それはもはや地震や台風といった天災と同じレベルでしょう。いつ目の前に現れるか分からないし、いつでもやって来る災厄です。回避し切れません。たとえインターネットで出会うニュースの発信元を確認できるオリジネーター・プロファイルなどの技術が向上しても、いちいち駆使していられないのが日常生活世界の現実です。外食の際、いちいち出された食材の添加物など確認できないのと同様で、日々の生活に追われている我々には、必要最小限の対策しかできないでしょう。できる事は限られていますが、ディープフェイクに対しても、地震や台風への備えと同様の防災（未然に防ぐリスク管理）意識は確立させて、守り切れないにしてもリスクを最小限に止めたいものです。

現実に問題のある情報対策ですが、第二次世界大戦以降は、欧米などの自由主義陣営で、共産主義のプロパガンダを恐れ、情報に対しては市民にワクチンを打つ様な手立てが考えられて来ました。具体的にはイデオロギーに限らず、問題のある情報を例示するなどして、フェイクニュースの耐性を付けるプレバンキング（prebunking：危機回避）の「警告」を市民へ与え続けることです。もちろん一定の効果はあるでしょうが、ワクチンと同様で万人に十分は効きません。

　そこで戦後、イデオロギー対立が最重要課題とならなかった比較的に平和な日本では、万人が誤情報や偽情報で風邪を引かないよう、情報の感受性が健康で居られるためにと、情報リテラシー（解読能力）の啓発がメインストリーム（主流）だったのです。よって著者は、フェイクニュースにも耐性ができる情報健康体づくりのために、心身のセンサーをよく休ませて鋭敏にしておくなど、誰でも簡単にできる方策を提唱するのが自然の流れだと考えました。

　ところが今や、テロなど心底の悪意がなくとも、生計を立てる方法が誤情報や偽情報をＳＮＳに投稿してインプレション（閲覧数）を稼ぎ広告収入を得るしかないと訴える発展途上国の貧困層もいるのです。臨床社会学者を標榜する著者としては、フェアトレード（≒格差なき経済取引）の様に、代替の収入源＝仕事でも提供できなければ、倫理面だけでフェイク投稿を一概に責める気にはなれません。しかもその背景には、誰でもやろうと思えば、大統領のフェイク動画を作成するのに、たった数百円で可能してくれるツールがネット上で、簡単に探し得る情報環境があるのでした。世界で貧困層の一部が、フェイク動画を収入源にしてしまう条件が整っているのです。

無害化する方法はただ一つ、情報に対する受け手の意識にかかっているのではないでしょうか。

結論を先に言うと、情報が氾濫してカオス状態のネットワークという現代の地図上において、情報の受け手は、フェイクの作り手にもなる送り手などを意識せず、「内容」(コンテンツ)だけ解読(デコード)して解釈するのがローリスクな時代だと考えられます。つまり、送り手という〝権威性〟に訴える論証(argument of authority)ではなく、あくまで「内容」中心主義の情報解読に終始する事が、蓋然性(確からしさ)を確保しようとする事＝フェイク回避の最善手となるのではないでしょうか。

コミュニケーション論で言えば、送り手と受け手が、不用意に背景のコンテクスト(文脈)などで繋がろう(図-1)としない＝受け手は目の前に現れた情報／ボールを打ち合おうとせず、壁打ちのように目の前に現れた「内容」だけを自身のコードで読み解くコミュニケーション(図-2)を、ひたすら繰り返す作法がフェイク回避には有効なのではないでしょうか。

具体的には、2023年頃から急増した有名人を騙《かた》るSNSの投資詐欺などは、有名人という情報を無視して「内容」だけを検討すれば、フェイクに騙されるリスクは軽減できるはずです。また、宅配、銀行、国家機関などを騙る詐欺、自身が使っているパソコン会社などからの警告とサポート詐欺も同様です。送り手抜きの情報で「内容」だけを確認すれば、フェイクが見抜ける確度は上がるはずです。それが日常生活世界において、直感だけで回避できる防災策でしょう。もちろん、中には「内容」が巧妙なフェイク情報もありました。しかし、それはたとえ有名人を騙る詐欺でなくとも、騙される危険性の高いケースです。まずは、簡単な方法で防げる多くのフェイク情報を見分けましょう。

人間の脳は、ある服の色を、着ている人や背景の色によって、違う色に認識することがあります。脳科学が解明した感覚のメカニズムです。錯覚させないためには、着ている人やその背景を無視するしかありません。メディア経由の「内容」も、背景をそぎ落とせば、正鵠を射る確度が高くなるでしょう。また、聴いている曲調によって、同じチョコレートの味が、甘かったり、苦かったりと違うこともあるのです。クロスモーダル現象と呼ばれる脳の危うい認識で、これを使った娯楽が映画やバーチャルリアリティーの臨場感なのでした。そこでフィクションでも楽しむのではなく、本質を見抜く必要がある場合は、BGMやBGVを極力排除して、純粋なる「内容」のみに集中するしかありません。

考えてみれば、同じ料理でも、有名なシェフが作ったと聞けば、美味しく感じるのと同様です。それが〝権威性〟に訴える誤謬でしょう。よって、真実と向き合いたければ、情報の送り手や文脈を無視してでも、「内容」の是非のみを検討するしか蓋然性を高める方法はありません。

例えば、チャーハン（内容）は、あえて誰が作った（発信した）かなど確かめずに、そのチャーハンが美味しいか（内容）だけを考えて（受信し）食べ（解釈し）ましょう。それが出来の悪いチャーハン（フェイク）を見分けるコツ（センサー）です。

これは、附論の内容を授業で説明した時に挙げた例題の一つで、最も多くの学生たちが納得してくれました。「前田先生が教えてくれた『内容』中心主義の考え方は、チャーハンを食べる度に一生忘れる事はありません。」とまで、授業後の感想に書いてくれた学生もいたのです。これこそが、情報の出所を探る手間や、メディアを比較する面倒より、遥かに簡単で効率的な（フェイクに惑わされない）センサーの実装ではないでしょうか。

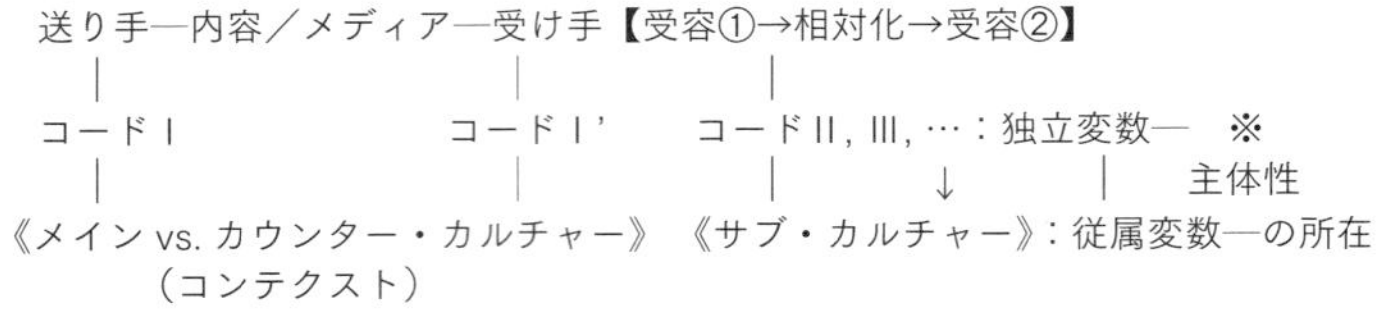

図-1　受け手が送り手を意識した情報の単純なフローチャート
出所）拙著『マス・コミュニケーション単純化の論理』p.97. 図-3。

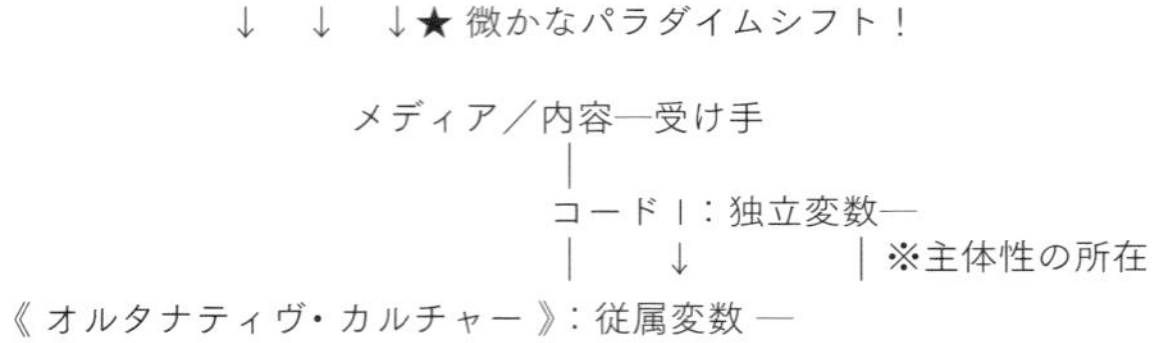

図-2　受け手が送り手を無視した（意識しない）情報の単純なフローチャート
出所）著者作成。

「内容」を深く知る前に、話題性だけで評価を終えてしまう感性は危険です。流行を捉えるためだけなら構いませんが、その後の自分の言動に影響を及ぼす情報の場合には、先入観なく「内容」だけに没頭してみるくらいの目的意識が、フェイク撲滅の魁《さきがけ》となるでしょう。

図-1から図-2への微《かす》かなパラダイムシフト（掟破り）とは、送り手中心主義ｖｓ．受け手中心主義（図-1および、拙論「マス・コミュニケーション・プロセスにおける『受け手の主体性』の所在」『マス・コミュニケーション研究』44号 pp.116-127.参照）を超えた、理念上は「内容」中心主義（図-2）の試みです。

図-2には、「内容」がフェイクであっても、偽造した犯人の存在は見当たらないでしょう。つまり、送り手も情報の背景にある文脈も意識せずに、「内容」のみに集中するのが、フェイク超克の処方箋となるかもしれないのです。受け手が主体的に情報空間をマーケティングしたかのような選択と集中でした。さらに、この微かなパラダイムシフトの地平には、フェイクに惑わされない受け手だけの自律した文化圏、オルタナティヴ・カルチャーが形成できると期待したいのです。世界中どこでも、災害に見舞われた時は生き残るためには、先ず被災者だけで自発的なコミュニティを形成するでしょう。

ホロコーストを生き抜いたユダヤ人精神科医のヴィクトール・E・フランクルも、病める社会を生き残る精神性＝直面する全ての問題に自ら「意味」を見出す姿勢だと診断しているのではないでしょうか。あらゆる対象に自ら「意味」を見出していれば、フェイクに惑わされるリスクも軽減されるはずです。

これまでのリテラシー（情報の解読技能）教育の現場で、与えられた情報がフェイクかどうかを確認する作業として勧められてきたのは主に2点、（1）出典の確認と（2）多メディア比較です。しかし、我々受け手が日々出会《でくわ》す数多の社会情報について、一つ一つニュースソースを辿《たど》り、新聞であれば三紙も四紙も読み比べてみる時間と余力が誰にあるのでしょうか。メディア研究者であっても、毎日毎日受け取った全ての社会情報について、出所と多メディア比較の検討をするなど難題です。

そこで、ファクトチェックにしても簡易検査に相当するような作法が必要になって来るでしょう。それが目の前にある情報の「内容」のみを凝視する方法論なのです。いちいち送り手を遡《さかのぼ》ったり、その情報が複数のメディアで如何に扱われているかを確かめる骨折りは省いて、少しでも真実にたどり着ける〈直感〉を研くのが、万人に適用できる現実的な防災であり解決策ではないでしょうか（拙著『パンク社会学』「逆行するメディア論」pp.13–14.参照）。

それ即ち、真なる受け手の自律化であり、文学研究がなくならない理由の一つ、果てしない解釈論議（受け手の数だけ、解釈がある）にも繋がるのでした。例えば、シェイクスピアや夏目漱石の解釈に、模範解答があれば、文学部などとっくに無くなっていたかもしれません。それが無くならないどころか、深化しているのだとすれば、すべての文章は、解釈の自由が許されなければならないと著者は考えています。たとえそれが国の最高法規である憲法であっても、条文に新たな読み方の要望が増えている時代であれば、解釈の変更も適用されるべきでしょう。

一例を挙げると、「婚姻は、両性の合意のみに基づいて成立し、夫婦が同等の権利を有することを基本として、相互の協力により、維持されなければならない」と謳われている日本国憲法第二十四条第一項にある「両性」は、異性と限定していません。そこで結婚を望む2人が別人格の性でさえあれば、両人＝両性による同性婚も認められると著者には解釈できるのでした。

そして、フェイクの疑いや恐れがある情報に対しては、より主体的に関わるべきではないでしょうか。その前提としては、たとえ送り手を無視してでも、主観的に「内容」を判断する教育も必要でしょう。巧妙なディープフェイクの映像で、支持していた政治家が暴論を述べ始めたら、その語り手抜きで、語られた「内容」が正しいのかのみを評価して判断する訓練です（図-2）。フェイクを超克する極論は、「内容」（ボール）を受け取っても自律するだけでは惑わされる事もあると注意しながら、何度か同じ「内容」(ボール)を壁打ち(このボール、ホンマかいな?)してから是非を決める自律化以上の自立化を促したいものです。

わかりやすい一例ですが、特殊詐欺の一つ、オレオレ詐欺については、オレが自分の子どもならどんな「内容」の電話やビデオ通話でも信じるのではなく、相手が誰であれ緊急に高額な金銭を差し出す「内容」など理不尽だと認識できれば、騙されにくくなるでしょう。

しかし、デジタル技術は全てをビット情報(二進法で0または1)に変換できるため、AIによる人物画像の合成など、ディープフェイクはもはや、人間にもマシンにも真偽を見抜けないケースが多出して来るでしょう。著者が最も信頼するコミュニケーション研究者の岩本一善さんは、この状況を客観的な事実より送受者の感情や信念が世論を形成するポスト・トゥルース(post-truth)の極みだと危惧されています。

だからこそ、送り手が受け手の所属する国家の元首であろうが、信仰する宗教の教祖であろうが、信頼できる家族であろうが、誰の言動なのかを無視して、言動の「内容」のみを対象に是非を問う姿勢が、フェイクという難を逃れるためには必要になるのです。それが、少しでも騙されるリスク軽減につながるはずだと著者は考えて、自身で実践しているのでした。またそれは、教授の授業内容が常に正しいなどという権威に訴える論証(argument from authority)からの脱却、次世代である学生たちの成長にも繋がります。

そして権威を畏れなければ、むしろ受け手が主体的に誤読した方が、有益な情報だって考えられるでしょう。誰が発信した情報であろうが、その「内容」を受け手の都合に合わせて活用できれば、もはや悪意のある送り手が仕掛けたフェイクなど恐るるに足らずです。著者の前衛的な実践を引用しておきます。

「最後に、著者の反則技を紹介しておきましょう。1990年代前半、まだ著者が若かりし日々、院生だった頃です。アルコール依存症だった症状も手伝って、傍若無人な学会発表を重ねていました。ある学会発表の際、取り上げたメディア論の開祖、マーシャル・マクルーハンの学説が生煮えで、適当な紹介をしてしまったところを、案の定、質疑応答でツッコまれました。様々な学会で、自説「マス・コミュニケーション（特にテレビ視聴）における受け手の自律性（優位性、主体性）」を発表したいだけの著者は、マクルーハンの理論を念入りに検証していなかったため、質問の意味もよくわかりません。

質問者「マクルーハンは、こんなこと言っていないでしょう！」

著者「すみません。マクルーハンは、なんて言っているんですか？」

質問者「（ため息をついて、）○▼◇□・・・」

著者「わかりました。マクルーハンは、先生におまかせします！」

会場、失笑の嵐。

このチートな発表の直後、著者は当時の指導教授にこっぴどく怒られて、「こんな発表していたら、どこの大学も採用してくれないよ！」と言われました。

しかし、著者はこの質疑応答を結構、気に入っています。著者は、自説「マス・コミュニケーション（特にテレビ視聴）における受け手の自律性（優位性、主体性）」（拙著『マス・コミュニケーション単純化の論理』「第4章 そして、使いやすい受け手論」など参照）を発表したかっただけでした。当時（1990年代前半）、全面的に肯定する研究者があまりいなかった自説の「受け手の自律性（優位性、主体性）」だけに、著者の中では先行研究を割愛しても構わないと勝手に高を括っていたのです。先行研究は大切ですが、もう終わっている作業ですから、書かれた記録や本を誰もが読めばいいだけの話だと考えていました。ライヴで最も重要かつ必要な情報は、まだ誰も聴いたことのない新しいアイディアでしょう。

それに、著者には、マクルーハン自身の理論は、論理矛盾だらけにしかに読めません。それより論理的な整合性を図るために、紹介者でありながら誤読の限りを尽くして、批判を浴びても、使い勝手の良い学説に再構築した竹村健一さんによるチートなマクルーハン理論の方が、メディアにズバリ適合できて、効力を発揮すると著者は考えていたのです。

そして、会場の失笑ですが、社会学芸人を気取っていた著者は、失笑や嘲笑も笑いを取ったことには変わりがないと勝手にほくそ笑んでいました。著者の若い頃は、名言ホストの帝王ＲＯＬＡＮＤさんみたいでした。しかし、曲がりなりにもＲＯＬＡＮＤさんも著者も、メディアで生き残っているので、今や、名うてのサバイバーと言えるのかもしれません（拙著『サバイバル原論』pp.67-69.参照）。

以上、パンクな逸話ですが良し悪しは別にしても、著者はこの情報空間においては、誰にも惑わされぬ、完全に自立したコミュニケーション主体でしょう。誰のフェイクも付け入るスキがありません。この様な経験値がフェイク回避の思考訓練ともなるのです。

生成ＡＩも、聴き方さえ細工すれば、違法なテロ行為も助長するような武器に関する禁止情報でもネットから探し出してくれると危惧されています。しかし対策として、情報を仲介して送り手になる生成ＡＩの是非を問うのは、問題の根本を解決することにはならないでしょう。万全を期するなら、その情報が誰に使われても構わない安全な「内容」なのか、その是非を問うべきなのです。結果、誰が持って来た情報でも、爆弾を作る内容の情報は、健全な市民なら平時でも触れてはいけません。

メディアの多様化で、マス・メディアがメインストリームではなくなりつつあり、誰がどんなメディアを悪用するかわからない現状です。もはや「メディアは、メッセージである。」と訳知りに喝破したマクルーハンすらも疑い、「メディアは、メディアに過ぎない。」と見切って、「内容」だけを評価するように指導しなければ、次代を担う学生たちも真に身を守るリテラシーなど養成できない時代なのではないでしょうか。

　ならば、惑わされては困る社会情報の場合、メディアも送り手も無視して、「内容」のみに敢えて視野狭窄に陥らせてみれば、爆弾を作る情報は万人に不要など、仕掛けられたフェイクには踊らされなくて済むケースも考えられるのでした。それでも誰もが信じてしまう程の精巧なフェイク情報が創られるのであれば、それは最早フェイクではなく、言語や貨幣と同様に架空、フィクションであっても共訳可能な「内容」としかラベリングできません。


　共訳可能なフェイクの好例を、挑発的に提起してみましょう。

　本論のエッセイでも取り上げましたが、ハリウッドの俳優組合は、ＡＩで生成された代役に仕事を奪われると抗議しています。しかし、ＡＩが席巻する以前から、生身の俳優より自在に操れるアニメーションに俳優業は奪われていたはずなのです。

　少なくとも日本では２０２３年現在、『ワンピース』、『鬼滅の刃』、『名探偵コナン』などのアニメが映画の興行収入上位を占めており、ＡＩを目の敵にする俳優たちは時代遅れとも言えるのではないでしょうか。

　結局、映画情報の終着点、観客に最も求められているのは作品の「内容」なのです。演じるのが生身の俳優であろうが、ＡＩで作られた画像であろうが、アニメであろうが、作品の「内容」が満足いくものであれば、受け手はそれ以上のクオリティを求めないのかもしれません。

　ＡＩで生成された脚本は、ネットに散在する筋書きを拾い集めて作成されたと判別できる「内容」

であれば、原著者は対人の著作権侵害と同様に権利を主張できるはずです。判別できないほどに加工された「内容」であれば、人間の作家においても盗作ではなく影響を受けた程度だと審判されるのと同様に扱われて然るべきでしょう。

つまり文章だって、誰が書いたかより、何が書いてあるかという「内容」を評価するべき時代にまで来てしまったのです。誰が書いたかなどはゴーストラーター然り、いくらでも偽れます。対して、何が書いてあるかの「内容」は不変でしょう。

美術の贋作なども同様で、誰が描いたかを重視するから、贋作が生まれるのです。描いたのは誰でも良くて、描かれた作品「内容」だけを評価すれば、普遍的な判定ができるはずでしょう。現代アートの不可解な高値も解消されるはずです。理想論に聞こえるかもしれませんが、理想を追わない限り、文明は進みません。

やはり、「内容」とメディアや送り手を結びつけずに、「内容」のみを自己基準でじっくりと評価するべき時代が来たのです。

もちろん、送り手や文脈を考えずに、「内容」の是非だけを問うことだけで、十分に悪意あるフェイクの被害を防げるわけではありません。しかし簡単な考え方ひとつで、少しでも被害を減らせるのであれば、初歩的な教育段階で浸透させるべきではないでしょうか。

たとえ親しい間柄にあっても、近所の噂話やクラスか職場で聴こえる誰かの誹謗中傷を全て、心底信じている人は少ないでしょう。だから、違う真実が露呈した時にも、別人格の言う事には少なからずフェイクの危険性があると納得できるのです。

ならば、ネット上にある柵《しがらみ》のなさそうな個人の感想や自然発生したとしか見えない口コミも、実は裏で糸を引いて宣伝しているステルスマーケティングも同様でしょう。引っ掛からないためには、近所やクラスか職場で飛び交う情報の真偽を判断して来た持ち前のセンサーさえ、まじめに働かせていれば危機管理できるだけの話ではないでしょうか。

要は、ネットでも近所でもクラスや職場でも、最終的には発信者も背景も無視して、語られている「内容」だけを真剣に検討すれば、多くの人々は、これまでもフェイクに惑わされる事なく、被害にも遭わずに生き残って来られたはずなのです。この先も、純粋に「内容」中心主義のセンサーを研いていれば、情報のカオスもサバイバルできるでしょう。

それでも、AIを使った娘や息子の声や顔でオレオレ詐欺をされたら、親は見抜きようがないと言われるケースもあるかもしれません。しかし、その場合もフェイクの被害を軽減させるには前述の通り、娘や息子に化けて発せられる要求の「内容」が、真に正しいかどうかだけを判断すべきなのではないでしょうか。

例えば、息子が交通事故を起こして、賠償金代わりに即金が必要だと要求して来る事案などは、そもそも息子の不祥事を親が尻拭いする事を手放しに是とはせず、息子にも自己責任を問う倫理観が徹底してくれれば、同様のオレオレ詐欺を減らせるはずなのです。つまり、特殊詐欺の一部は「内容」によって、法律に照らすまでもなく当事者以外が責任を肩代わりする事は良くないという倫理観の確立によって、乗り越えるべきなのではないでしょうか。

そして、電話やメールでマンツーマンに仕掛けて来る特殊詐欺には引っ掛からないと言える人々が増えたなら、もっと距離を取れるテレビやネット越しのフェイク情報などより簡単に見抜けるようになるはずなのです。

Ⅰ. 散在する問題の情報を〝整理〟する

改めて結論から言いますと、フェイク情報が横行する現在、問題になる情報が派生するどの空間でも、誰が、どういう意図で発信したのかを暴くより、発信された「内容」のみを検討する作業の方が、情報学上ローコストでハイリターンのフェイク対策となるのではないのでしょうか。

つまり、もはやメディアは誰かのメッセージなどではないと捉えて、「内容」のみを分析の対象とする事で、少しでもフェイクの罠から逃れられると著者は考えているのです。

但し、フェイク・ニュース（fake news）のフェイクは、語の定義が曖昧なため、学問で探究するには馴染まないと言われる場合もありました。しかし、情報をフェイクとラベリングする事自体が、巷間で主に論敵を叩く強弁や詭弁としてまで使われている以上、臨床社会学者としては意味の探究より、防御策なり、対応策を講じるべきでしょう。今回、効率良く結論を叩き出すために、著者が仮説思考で使用する「インフォグラフィック」（infographic）とは、情報の地理的な散在を整序した捉え方です。

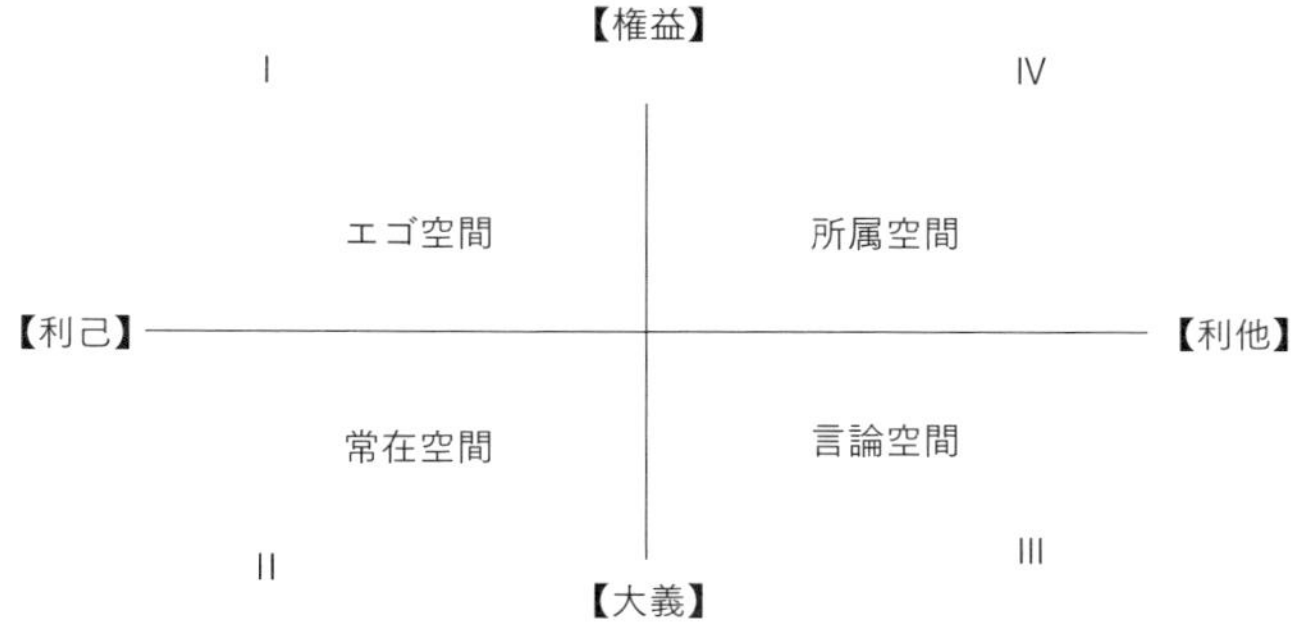

タテ軸：情報空間で、発信者が狭義の権益を守ろうとしがちなのか、大義のための言動だと主張できるのか。

ヨコ軸：情報空間で、受信者が利己的に終始しそうなのか、他者との相互作用を尊重できるのか。

図−3　インフォグラフィック4様相のマップ

注）自他の意味づけですが、著者の生物観は、適者生存ではなく原則としての偶然の産物です。よって、様々な生物に見受けられる利他的な行動も、〝情けは人の為ならず〟で結局は自身に跳ね返って来るため、最終的には利己的な行為だと断じるナルシシストの著者でした（拙著『起死回生の政治経済学』pp.103−134.「附論：あらゆる「環境」問題とは、人間だけの空想ではないのだろうか」参照）。
出所）著者作成。

エレクトロニック・パンク！The Prodigyの型破りなライヴ会場を映像作品としてフレームに収めた様な世界観です。ポジショニングマップを作成しました。叩き台として検討の後、一つの論理に収斂《しゅうれん》させます。

フェイクに限らず、問題のある情報は、どこにあるかが明示できれば、その場限りでも対応策も立てやすいのではないかと考えました。一例として、問題のある情報が存在する身の回りの地図を、著者の直感で類型化した4様相で検討してみます。また、図−3は日本が置かれている国際関係ともアナロジー（類比）できます。（　）内のエリアに置き換えて考えてみると、地政学を考える際にも援用できるでしょう。

Ⅰ　エゴ空間：主観で限定できるパーソナル・スペースや身体の及ぶ行動（国内）エリア。

結局、○○さんは自分が得するように言うから腹が立つとか、△△さんは自分が損するからと批判ばかりでけしからんなど、受信者が怒りそうな問題はすべて、情報の発信者が誰かだけで良し悪しを決めつけるケースが多いでしょう。そこで、どんなに親しい間柄でも、どんなに信頼している相手でも、発信の「内容」だけを検討すれば、発信者より発信の「内容」の良し悪しだけを落ち着いて診断できるのではないでしょうか。例えば、親友自身の話ではなく、親友が話す他人の愚痴なら、客観視できて感情的にはならずに聴けるように。

Ⅱ　常在空間：家庭（自国）から、近所（近隣諸国）までの居住（東アジア）エリア。

親が正義を振りかざして言うから腹が立つとか、子が勝手な理屈でごねるからけしからんなど、家庭内の（隣国との）いざこざも、情報の発信者が誰かだけで良し悪しを決裁するケースが多いでしょう。そこで、発信された「内容」だけを検討すれば、発信者よりも「内容」の良し悪しだけで穏便に診断できるはずです。他人の家庭（隣国同士）のもめ事（紛争）なら客観的に見られるように。

ご近所づきあいも同様です。日頃から好かないご近所さん（隣国）の情報だから、すべてを悪いように解釈してしまうこともあるでしょう。その場合も、情報の「内容」だけを検討すれば、大概の事は一般論に落ち着きます。

Ⅲ　言論空間：常在空間や所属空間も超えて、情報を！送受信できるメディアがカバーしている（時として外交や政治的な問題まで絡む）拡張エリア。

正義漢面したあの政治家が言うから腹が立つとか、この評論家は人権を盾に文句しか言わないからけしからんなど、メディアを介したいざこざも、情報の発信者が誰かで良し悪しを判断するケースが多いはずです。そこで、発信の「内容」だけを検討すれば、発信者より発信の「内容」の良し悪しだけでクールに診断できるはずなのです。自国と関係のない他国のニュースなら客観的に見ていられるように。

ならば遠く離れた国際関係も同様でしょう。メディア越しにイメージの悪い国の情報だから、すべて悪いように解釈してしまうことも、情報の「内容」だけを検討すれば、多くの国際問題や外交も志向倫理（aspirational ethics：なすべき大義）で交渉できるのではないでしょうか。

Ⅳ　所属空間：学校や職場（日米安保条約やＴＰＰ）など、家庭外の日常で属性を帯びる（安全保障や貿易経済圏の）エリア。

先生が校則を持ち出して言うから腹が立つとか、学生が権利を主張してごねるからけしからんなど、学校内のいざこざも、情報の発信者が誰かというだけで良し悪しも左右されるケースが多いでしょう。ここでも「内容」だけを検討すれば、発信者よりも「内容」の良し悪しだけで冷静に診断できるはずです。他の学校のもめ事なら客観的に意見が言えるように。

職場の付き合い（外交）も同様でしょう。日頃から好かない上司や同僚（仮想敵国）の情報だから、すべて悪いように解釈してしまうことも、情報の「内容」だけを検討すれば、こちらも大概の事は共通認識に落ち着くはずです。

以上のポジショニングマップ各象限を説明してみると、ほぼ同じ文章に収斂されました。そうです。多くの問題となる情報は、どこに位置していようが同じ様相だったのです。日頃から偏見を持っている発信者の情報だから、すべて悪いように解釈してしまう判断も、情報の「内容」だけを検討すれば、多くの事案は皆が共有できる規範意識として決着できるのではないでしょうか。

今回、著者が結論を効率的に捻り出すため、仮説思考で叩き台に作った「インフォグラフィック」では、情報空間をシミュレーションか箱庭の様に捉えられています。実はそれは、我々が日本列島という地政学的に特異な位置づけにあるから、考えられたのです。四方を海に囲まれ、それを天然のお堀と見立てれば、日本は簡単に便宜上の鎖国ができました。よって江戸時代、地政学的には外国との交渉に苦労しなくても、内政に集中できたので教育優先から識字率の向上などが叶えられたのです。結果、国民の知的な基盤を、世界で最も効率的に確立できた歴史があるとしても過言ではありません。それ即ち当時から最近まで、日本の情報空間を使い勝手の良い箱庭の様に捉えられるのでした。

しかし、兵器がお堀など軽く超えて遠くまで飛ぶ道具となり、地政学的に参戦を余儀なくされた太平洋戦争に至っては、当然のことながら情報空間は箱庭サイズから開放、拡張されてしまいました。ところが最終的に日本は戦争で負けたため、拡張した植民地がゼロとなり、これまた地政学的にも、戦後は箱庭の様に内政に集中できたのです。同じ島国でも、イギリスは現在も世界中に、（一部は目立たぬ様に飛び地として、）植民地を残しているため、地政学的にも太陽が沈まない国のままです。それではある程度の栄華を維持しながらも、心休まる事のない広範囲の情報空間を維持し続けなければなりません。逆に、敗戦国の日本は、国民の意識として箱庭サイズの情報空間に戻れ、戦後暫《しばら》くの間で効率的に知財立国として進歩できたのではないでしょうか。

だからこそ、情報空間に対する意識を箱庭サイズに戻して、独自のガラパゴス携帯などが開発できてしまったのです。しかし、江戸時代とは違うサプライチェーンがある現在、日本も貿易では世界各国と鎬《しのぎ》を削らざるを得なくなった結果、一時はＧＡＦＡ（Google, Amazon, Facebook, Apple）の後塵を拝していると迄言われてしまいました。しかし、人命を考えたらマイナスサムゲーム（合計マイナス）の戦争にも、憲法で守られ直接的な加担をしないで済みましたし、逆に貿易ならルールに則った赤字が出ても取り返せる（閉じた）貨幣のゼロサムゲーム（±０）です。取引するエネルギーも売買されるので、貿易する世界観とは、交換価値に支配されたオルタナティブのメタ箱庭だとも捉えられるでしょう。付け焼刃でこしらえたメタバースなどは、経済圏の形而下に過ぎません。

人間は、主に言語で思考する生物です。暫定的なインフォグラフィックは、その内実を言葉で検討すると、情報の扱い方や扱われ方は同じ様なメカニズムであることを再認識しただけかもしれません。しかし、一括してブレイクスルー（解き口）が見えたならば、御の字ではないでしょうか。あらゆる空間に散在する情報の問題も、図表やチャートより言葉で明解に総括してみると、同語反復でわかりやすく解決策も明白です。

つまり結論として、誰の意図でどこに布置された情報かを問題にするよりも、地図や文脈から切り離した情報の「内容」だけで是非を問えば、送り手の恣意性＝フェイクの罠から少しでも逃れられるのです。

では、防災の展望が見えたところで、具体例で検討して参りましょう。

Ⅱ．情報の「内容」だけを〝検討〟する

シンプルな文字情報でも、フェイクは重罪です。２０１１年に東日本大震災で福島の原発事故が起きた後、現場から遠く離れた場所でも「放射線測定器の針が振り切れた。」とのデマがネットで拡散しました。しかし、誰も罪を問いません。メディア対応などの経験値に裏打ちされた自分の直感で真偽を見抜くしかないのです。

現在は、情報の出典、即ち発信元を証明する技術などが開発されており、その効果も期待されるところですが、それだけでは他人任せで手間がかかります。可能な限りは、情報の受け手が主観だけでも〝フェイク〟を見抜ける術を心得ておくべきではないでしょうか。必要なのは、災害の際、行政に頼るだけではなく、自分で防災グッズを備えておくようなレベルの直感です。決して万能ではなくとも、被害は軽減できるはずです。

例えば、電話やメールで直接仕掛けて来る特殊詐欺には引っ掛からない人の方が多いはずです。な

らばメディア越しで、間接的に見聞きするフェイク情報などもコツさえ分かれば、誰でも簡単に見破られる可能性が高いのではないでしょうか。

そこで、世界で典型的な偽情報（disinformation）または誤情報（misinformation）を例に挙げ！送り手やメディア、文脈さえ考えずに！「内容」だけを各自の内心で検討してみましょう。その際、周囲（多数派）の意見や動きはどうかなどと外心《ほかごころ》を意識してはなりません。フェイクニュースだと見抜ける基本的な要領が分かるはずです。

人間の脳は、あるモノの色を、持っている人や周囲の色によって、違う色に認識することがあります。脳科学が分析した感覚の構造です。惑わされないためには、持っている人やその周囲を無視するしかないでしょう。また、風鈴の音だけで、急に温度が涼しく感じるのもクロスモーダル現象という脳の認識で同様です。ですから、本当の気温を伝える立場にある気象予報士などの場合は、涼し気な音も無視して、純粋なる「内容」に当たる体感の温度、数値のみに集中する必要があるのでした。

これらは、臨床試験で偽薬でも一部の人に症状が改善するプラセボ効果と同様です。結果、本当に真実と向き合いたければ、情報の送り手や文脈を無視してでも、薬なら成分、情報なら「内容」のみ、その是非を検討するしかありません。

もちろん、背景や文脈、送り手を考えずに、「内容」の是非を問うことだけで、十分にフェイクの被害を防げるわけではありません。しかし簡単なやり方ひとつで、少しでも被害を減らせるのであれば、教科書を見る様にニュース史上の「典型的な例」をお復習《さら》いして備えるべきでしょう。多様な災厄に対しては、万能でなくとも備える防災グッズと同様です。

頼みの綱（見抜き方）は単純化するほど、汎用性がある（多くの助けになる）ものです（Life Is Simple）。

それでもフェイクの被害を食い止められずに、誤った歴史が紡がれたとしたら、後世で修正してくれると諦観するしかないでしょう。

日本史で言えば、例えば関ヶ原の戦いで、敵味方全てに正しい情報が伝わっていたとしたら、歴史は大きく変わっていて現在は全く違う日本になっていたかもしれません。また同様に、世界史においても、第二次世界大戦で敵味方全てに正しい情報が伝わっていたとしたら、歴史は大きく変わっていて現在は全く違う世界観になっていたでしょう。しかし、実際は誤情報が飛び交った歴史が現在を紡いでいます。そんな現在が、ディストピアでしょうか。

その時点で無理せずに、ベターと考えられる策さえ講じて行けば、人間と人間の社会は最悪の事態には至らないと信じましょう。でなければ、不治のがんと完治しない依存症を抱えた著者は生きて近畿大学で授業などできていないはずです。

■２０１６年：ＳＮＳ経由

熊本地震の直後に、動物園の檻が壊れて、ライオンが逃げている恐怖のフェイク動画が拡散（於：国内の「常在空間」）。

フェイクかどうか、すぐには確認できない場合は、パニックになる前に、「内容」（画面）を凝視しましょう。看板などの英語（情報）から、熊本どころか、身近な日本ではない事が判ります。

つまり、少なくとも初歩的なフェイクニュースに関しては、「内容」だけに集中して、その中にある情報を脳内で落ち着いて整理できれば、「内容」の系統から外れる情報を異物＝フェイクだと見極められるはずなのです。

その積み重ねで、地理的に偶然巡り合った情報を鵜呑みにせず、その「内容」は論理矛盾がないのかを検討すれば、自ずと共感できるか、さらに真偽の程も判明するでしょう。ＡＩを作った人間なら、機械学習までしなくても、自分の脳で検討してみるだけで、身近なニュースならフェイクの初期防災が図れるはずなのです。

以下の例証でも、少しずつ確認できるのではないでしょうか。

そして、自分にとって正しく共感できる「内容」を選ぶセンサーを身に着ける訓練とは、ひたすら地理的に散りばめられた情報の真贋《しんがん》を見極める場数を踏むことです。ＡＩまで作った人間なら、深層学習などしなくても、表層だけを自分の直感で見極めれば、初歩のフェイク対策にはなるはず。結果、脳内に構築された系統の回路から外れる情報はフェイクだと判断でき、間違いのない「内容」だけに共感しやすくなると生ける教材の著者は人間の才覚を信じています。

■２０１６年：Facebook経由
ローマ教皇が、アメリカ大統領選挙でトランプ候補を支持しているという驚くべきフェイクニュース。（於：メディア越しの「言論空間」）。

ローマ教皇が支持した（情報）なら、誰もが何でも受け入れるのでしょうか。ローマ教皇が支持しようが、しまいが、その候補が主張する「内容」（言論）を検討して、共感するかで、投票行動を決定すれば良いだけの話だと著者は考えます（拙著『マス・コミュニケーション単純化の論理』pp.67–71.「フェイクニュースはなくならない」参照）。

■２０２０年：ネットに投稿された動画を、米大手メディアも紹介
アメリカ大統領候補が、人種差別発言をしていると聴こえるよう、巧妙に編集されたディープフェイクに近い動画（於：受信者が有権者という「所属空間」）。

候補者の思想信条から考えて、明らかにフェイク動画（情報）だと思えます。しかし信じる人々が一定程度見込まれる場合、人種差別発言の「内容」のみを検討しましょう。

結果、誰が言ったかより、人種差別の根拠が間違っていると多くが共感できれば、フェイクだと却下できます。

このようにアメリカでは、ドナルド・トランプが大統領選に名乗りを上げて以降、共和党と民主党

の両陣営が、フェイク混じりで情報合戦の様相を呈してしまいました。関ヶ原の合戦の様相です。しかし大統領選の場合は、両陣営の候補者が抱く思想や訴えている主張を理解していれば、受け取った情報の「内容」だけを検討して、真偽のほどは明らかになるでしょう。

特に政治の領域は、精神世界に地政学を援用しても説明が付きます。例えば、メディア空間においては、情報の位置する場所（人間）のアイデンティティ（揺るぎない信念）が分かっていれば、その「内容」が発信されたアイデンティティと相容れない場合、居心地の悪い没場所性（placelessness）を帯びたフェイクだと容易に見破れるはずなのです。

先述のケースでは、支持者たちに、この大統領候補者のアイデンティティがリベラルだと分かっているのであれば、人種差別発言の「内容」は候補者にそぐわないため、没場所性の空疎な現象として、フェイクだと簡単に判明するでしょう。発信主体のアイデンティティが明確な政治の世界においては、有権者なら政治家の信念くらいは知っているケースが殆どのはずです。よって、政治家が発信する（に位置する）情報の「内容」が、市民の直感で意義の無いものだと方位磁針の様に反応すれば、その情報は発信者にそぐわない没場所性のフェイクだといつでも見分けられると楽観視している著者でした。

■2020年：認知症の母による、物盗られ妄想

著者の自宅で、認知症がはじまった実母は、自分の所有物が見当たらなくなると、決まって著者の妻（母曰く嫁）のせいにしていました。

母が言う被害情報を鵜呑みにせず、家族で冷静に、最後に手に取った場面から手放したプロセスの「内容」を思い出してみると、母の部屋から見つかる事も多々あったのです（於：身近な「エゴ空間」）。

認知症が引き起こすフェイク情報は、避けられないのかもしれません。しかし、初期症状であれば、誰かに盗られたという決めつけ情報より、どこに置いたのかという客観的な「内容」（証拠）を検討すれば、発見されるケースも多いのです（認知症の実母をめぐる著者の家庭環境は、拙著『高齢者介護の福祉のけもの道』p.86.など参照）。

■２０２２年：Twitter（現X）経由

同年、台風15号による静岡県の集中豪雨で、市街地の全体が水没している衝撃的なフェイク画像が拡散（於：国内の「常在空間」）。

目を奪われるほどスケールの大きい情報なのに、生き馬の目を抜く日本のテレビ局を差し置いて、Twitterだけで拡散されているのは誰が考えても不自然な「内容」です。

■２０２３年5月22日：FacebookからTwitter（現X）経由

アメリカ国防総省、ペンタゴン付近で爆発とのＡＩ偽造画像が拡散し、一時アメリカの株式市場が下落（於：アメリカ人にとっては「常在空間」または「所属空間」）。

こちらも目を奪われるほどスケールの大きい情報なのに、アメリカのテレビ4大ネットワーク（ABC,

CBS, NBC, FOX）を差し置いて、SNSだけで拡散されているのは誰が考えても不自然な「内容」です。

少しでも怪しげな文脈（コンテクスト）は考慮に入れず、各自が「内容」だけを検討する方法論で、少なくとも多くが巻き込まれる典型的なフェイクは乗り越えられるのではないでしょうか。

但し、実際に「内容」だけを検討できるようになるには、場数を踏む必要があります。模擬裁判や模擬国会は、学校で行われているところがたくさんあるでしょう。しかし、最も思想の自由市場だと著者が考えている大学における前田研究室では、模擬というよりは経験値となる思考実験を試みています。

その実験では、批評的な姿勢を取るのでなく、相手を尊重する思考を働かせるのです。そして、ひたすら平和を追究して参りました。結果、それでも尊重しきれない主張が明白になった時に、その「内容」は参加者全員でフェイクだとラベリングできるでしょう。単純ですが、場数を踏めばフェイクを見破るセンサーが身に着く研究室です。

具体的に授業の運営を説明します。前田ゼミでも、世論を二分するような社会問題を討論する場合、問題提起者は司会（MC）となります。ここからが異端です。司会以外のメンバーは、たまたま座った位置などで、二分された世論、それぞれの主張者とみなされます。

そして、自分の意見とは違っても、立たされたポジション・トークで、反対側の意見と討論しなければなりません。これは、どんなに自分と違う意見でも、一分の理があることをその立場になって認識する、平和をめざした思考実験なのです（拙著『サバイバル原論』pp.9–69.「Ⅰ．どんな意見にも、一理ある」参照）。決して、相手を否定するための猜疑的なディスカッションではありません。

これを少なくとも1年間、繰り返すことによって、自分とは違う意見に立って主張する回路が、わずかでも脳内に構築できたならば、平和的な解決を図る思考への進歩です。そこには、どんな意見にも一分の理があると考える回路も構築できているはずだからです。すると、自分の意見で討論する際にも、相手を全否定することはし辛くなるでしょう。結果、議論における意地の張り合いが無くなるはずなのです。延いては陰謀論など、一方的にのめり込む危険性も少なくなるはずです（拙著『起死回生の政治経済学』pp.85–97.「3．そして、平和をめざす議会の運営を——超越法（the Transcend Method）へのプロセス」参照）。

そうです。最も重要なのは、この実験的な討論と検討を繰り返し重ねていくうちに、陰謀論など、どう考えても支持できない立場が、賛否二分されたどちら側からも露呈することです。

例えば、2020年にネットで拡散されたアメリカ大統領選挙の候補者が、人種差別発言をしていると聴こえるよう、巧妙に編集されたディープフェイクに近い動画の「内容」を肯定派と否定派に分かれて討論させた場合、どう展開するでしょうか。人種差別の発言「内容」肯定派、人種差別の発言「内容」否定派、どちらからもこの候補者が人種差別の発言をする理由が見つけられないのです。スマホを脳の延長線と捉えて、授業中でも自由に使用可にしている前田ゼミでは、学生たちが検索しますが、この候補者が人種差別の発言をする理由は見つかりません。それ即ち、フェイクであると全員一致でラベリングできるのです。簡単な事でも、この経験値を積み上げておくと、目の前にニュースが飛び込んで来た時、「内容」に理由が思いつかなければ、いちいち検索しなくても、直感でフェイクだと勘づくリスクマネジメントのセンサーが備わるのでした。長く付き合っているパートナーとの場数を踏んだ関係では、何気ない言動にも、ウソが見抜けるのと同様です。

この思考実験の繰り返しは、誰が考えてもフェイクである「内容」を決定的に炙り出すための危機管理にも通じるのでした。そして、余裕のある大学時代に、この場数を踏んでおけば、社会に出てからもセンサーが稼働して、フェイク情報も見つけやすくなるでしょう。

情報空間は無限です。ひたすら地理的に散りばめられた情報の真贋を見極める場数を踏むのは、砂を噛むような作業でしょう。しかし、各自が高等教育の残心に当たる大学で、防災の様に対策を講じた結果、日常に埋め込まれたフェイクを予測して、フェイクとして処理できる社会にしていくくらいしか安全な情報環境づくりはありません。完璧ではなくとも、未知のウイルス、新型コロナ対応と同様の工程となるでしょう。そしてゼロコロナと同様に、ゼロフェイクも成し得ません。それでも人間社会は、各自が用心の感度を上げれば、風邪くらいの被害に済ませられるはずなのです。

公衆衛生の徹底、テレワークの普及などで、ポストコロナの世界観が構築できたように、ファクトチェックの直感、もしくは簡単な内容分析の普及などから受け手の間にオルタナティヴ・カルチャーが醸成できれば、ポスト情報学の世界観も見えて来るでしょう。

Ⅲ．情報学が対象とすべき行方、そして〝ポスト情報学〟

情報とは、英語で考えれば、広義の知識か汎用の情報なら、〝information〟、知性を帯びた知識に限定したい場合には、〝intelligence〟が思い浮かべられます。

また、貨幣も情報と捉えた場合、使用価値と交換価値に様相を分けやすく、金融工学など社会科学や理工系の学問とも親和性が高くなります。電子マネーやビットコインも情報を切り口に説明しやすく、情報経済学なる分野があることが証左となるでしょう。

但し、人文学でも、情報という言葉がある限り、使われます。その場合は、単なる「空気」のように場を行き交う「情報」もあれば、思想を帯びる「情報」もあるでしょう。

2023年2月現在、初期の生成AI（テキストメッセージを入力して質問すると、それに応じた答えを返してくれる双方向のAI）は、どんな質問にも、ネットから玉石混交、あらゆる情報をかき集め整形して回答していました。この時点におけるAIの限界です。結果、誤情報まで多く取り上げられて、間違いだらけになる2023年2月現在の生成AIでした。

著者の演習授業においては、少なくとも2022年度まで、AIと学生の感性は様相が違いました。与えられたテーマと与えられた立場で主張しなければならない学生たちが検索した結果は、明らかに同時代のAIとセンスが違います（拙著『起死回生の政治経済学』pp.85–97.「3．そして、平和を目めざす議会の運営を」参照）。もちろん、かき集めた「情報の量」（原則、ネットにある全て）では、たとえ賢者であったとしてもＡＩに対して勝ち目はありません。但し、「情報の質」（内容の正否や倫理的な善し悪しなど）を見分ける審美眼とその結果、社会に有益な情報の採否を決定できるのは、現時点でも人間にしか持ちない能力であり、特権ではないでしょうか。

そこで、人間を取り巻く「情報」について、改めて優位な視点で考えてみます。

いちいち、発信元を正確に確認したり、他メディアにおける報道と比較したり、多忙な現代人にはそんな暇《いとま》はないので、ＡＩに任せるしかありません。そして個人ができるのは、直感を研くことが最善の策でしょう（拙著『パンク社会学』pp.1–15.「逆行するメディア論」参照）。そのコツは、誰が、何処が発信したかではなく、ひたすら発信された「内容」だけの真偽、または共感できるかを測るのです。皆でそうすれば、たとえ影響力の大きな有名人が広告塔になっている宣伝であっても、文脈は無視して「内容」の是非だけを問うた結果、フェイクなら淘汰できるはずでしょう。もちろん、判断する主体が賢明かつ多数派である前提です。判断主体が陰謀論者であったり、認知症者であれば異次元ですが、少数派であれば淘汰されるはずです。著者の実母は、テレビに中井貴一さんが映ると橋幸夫さん、桑田佳祐さんは長門裕之さんだと言い張って、絶対に譲りませんでした。すべての事象を、自身が持つ情報に当てはめるため、彼女に未知の情報などなく、常に神の様な認知症者だったのです。しかしその情報は、決して健常者とは共有されません。

繰り返しますが、人間の脳は、同じ絵の色を、その絵を描いている人や絵が飾ってある部屋の色によって、違う色に認識することがあります。脳科学が解き明かした感覚の仕組みです。絵の色を間違いなく見定めるためには、描いている人や部屋の色調を無視するしかないでしょう。

当然のことながら、送り手や文脈を考えずに、「内容」の是非だけを問うことだけで、十分にフェイクの被害を防げるわけではありません。しかし簡単な方法ひとつで、少しでも被害を減らせるのであれば、防災意識として初歩的な教育段階で浸透させるべきではないでしょうか。

つまり、著者から見たら、人間が開発したテクノロジーは人知を超えた新しい情報環境など創出しない、できないはずなのです。情報の良し悪しを決められるのは、最終的には人間の見る目次第だと信じて来ました。

そこで、(附論) のタイトルでもある、「情報」は、「空気」か「思想」かです。

(1) 汎情報空気仮説を射る

情報が空気なら、何が (誰が) 発生源かより、例えば今吸っている空気の二酸化炭素濃度 (思想の偏り) などが問題になるでしょう。結果、吸って、納得できる要素だけ吸収して、納得できない要素は吐き出せば良いだけです。空気なら、秒刻みで行なっているはずでしょう。そして実際の呼吸より、情報が対象であれば、思考でコントロールできるはずです。そして、日常の新陳代謝の様に、情報の吸い吐きができるでしょう。

例えば、まがい物としてのフェイク情報に、一見正当性が担保されているように見える統計の様な数字があります。顧客満足度No.1などという瞬間最大風速です。まったくの嘘ではありませんが、数字を受け取った多くが過大評価してしまうマジックだとも言えるでしょう。瞬間最大風速を、台風の様な一大ムーブメントだと畏れてしまう人々が多数出て来るからです。瞬間最大風速としての顧客満足度No.1などは、計測する場所によっていくらでも捻り出せるでしょう。例えば、顧客満足度3位だった商品も、1位と2位の商品を外してアンケートを取り直せば、一瞬でNo.1になります。つまり誠に対応していない数字は、眼に見えない空気の様な存在であり、変幻自在なのです。よって、「内容」の実体が見えない情報は、空気の様に吸っても構いませんが、微かな真実のみ取り込んだら直ぐに吐き出して、全てを体内（脳内）に留めておくと実態や実力を見誤る危険性があるのでした。

また、2020年3月初め、日本政府の専門家会議で出された新型コロナウイルスによる死者数の数理モデル予測もありました。その実例では、人流を8割減らさなければ、40万人以上死ぬという数字を、各メディアも、それを通して受けた大半の国民たちも、（数字を）空気のように飲み込んでしまったのです。結果、桁外れに間違った数字だったと判明して以降、心底では理論社会学者でもある著者は、実体の見通せないデータサイエンスをあまり信用していません。

以上、「数字」のまやかしは、素人には検証のしようがありません。よって、空気のように吸い込むだけになる危険性がある情報だと防災意識を高めるべきでしょう。

（2）汎情報思想仮説を射る

情報が思想なら、その思想が治安優先か、経済優先なのかという位相の差異も問題ですが、発言したのか政治家ならば、誰が発言したかも、重要な問題です。

例えば、日本の首相が、自衛隊を解体して再軍備を宣言する動画などを目にしたら、多くの市民は看過できません。本人なら糾弾しなければなりませんが、このケースは、「本人が今、そんな事を言うはずがない。」とほとんどの日本人なら、いくら巧妙に作られたディープフェイクであっても「内容」から真偽を見破る初歩的な直感、センサーが作動してくれるでしょう。ですから、あまりにも荒唐無稽なので何度も例に挙げますが、かつてのアメリカ大統領選挙で、ローマ教皇がトランプ候補の支持を表明したというフェイクニュースが欧米で大問題にされました。しかし、著者には最初から理解できません。放っておいても、信じられないフェイクニュースだと〈民衆理性〉が機能して判断し、早々に決着できなかったのでしょうか。日本人の直感を信じている著者には、アメリカのニュースにも拘らず、ローマ教皇がトランプ支持を表明したなどというフェイクニュースは、最初からブラックジョークにしか聴こえませんでした。

それでも、紛らしくて見破れないディープフェイクなる情報もあるとの懸念は消えないでしょう。元々、陰謀論にハマる人口は、どんな先進国でもある程度いますし避けられません。しかし、例えば国のトップが暴論を吐く会見が、フェイク動画だと初歩的な直感で見破れる国民の割合が、騙される国民の割合より高い比率であれば、少しは安心できるでしょう。その直感を研いてさえおけば、浅はかな考え（思想）で捏造されたフェイクニュースなど、落ち着いて考えさえすれば、ほとんどが見破れる様になるのではないでしょうか。

そこで（附論）第Ⅱ章においては、フェイクバスターズとでも言うべき直感を研く例題を列挙してみたのです。これらの問題に対する著者の解決策（残心）に触れて、賛成したり反対したりする両方の場数が、読者各自のセンスも研くでしょう。

そして直感を研くのに、今後は技術革新に応じて、同じ情報の判定を人間とは勘所の違うＡＩに投げかけては、自身の判断と比べて互いに間違いを指摘し合うのも、クールな思考訓練になるかもしれません。直感は、経験で研かれるセンス。直観は、論理を学べば習得できる技術（拙著『パンク社会学』pp.13–14.参照）。

暴論や暴言の多いトランプ前大統領ですが、２０１８年9月25日の国連総会では、演説で「ドイツは、エネルギーをロシアに依存し過ぎているのではないか。それで大丈夫か？」と危惧を表明しました。その時、当事国のドイツ代表を含め、メルケル首相までがトランプ発言を嘲笑していたのです。しかしあの時、トランプ大統領の主張にも一分の理があるとドイツ側も考えられていたら、ロシアのウクライナ侵攻までにエネルギー安全保障の平和的な危機管理ができていたのではないでしょうか。少なくとも、あの時の国連演説では、トランプ大統領の方がドイツの置かれたシビアな立場を尊重して発言できています（拙著『起死回生の政治経済学』pp.85–87.「3．そして、平和をめざす議会の運営を〜超越法(the Transcend Method) へのプロセス」の一部参照）。

暴言の多いトランプ大統領が言っているので、良識ある西側のメディアは取り合いませんでしたが、結果論として、その「内容」は正しかったと言えるでしょう。誰が演説しているかなど関係なく、または無視して鼻から「内容」の是非だけを検討していれば間違いはなかったのです。

以上、「発言」の是非は、素人でも判断のしようがあります。しかし、思想を帯びていると偏見を持って判断してしまう危険性もある情報だと防災意識を高めるべきでしょう。

その上で、情報は、「空気」か「思想」かの考え方です。

どの空間においても、情報は空気の様に吸って、有害物質が入っていないかだけを検討して、肺に相当する脳内に容れるか、吐き出すかを診断するのです。

そして、もしも情報に誰かの思想が及んでいると警戒した時点で、偏見となり、逆にフェイクにも騙される恐れが出て来るでしょう。

そこで、そんな情報が送られてきた意図や文脈を考える前に、情報の「内容」のみに益があるのか、害があるのかを思考する作法こそが、フェイクを超克できる情報学だと著者は直感しているのでした。

結果として、これまで示唆して来たセンサーが身に付きさえすれば、自身にとって悪い思想を排除した良い空気に馴染む（適応する）のが、最もストレスフリーな生き様でしょう。

改めて、著者自身の先行研究における所見を振り返ってみます。

「現在、メディア技術の発達によって、より難題になったとされる、何がフェイク（ニセの映像や情報）で、何がディープフェイク（高度なニセの映像や情報）なのかという診断や、何が本物かという判断は、大きな社会問題です。

しかし今や、ディープフェイクで作られた要人の映像を鵜呑みにして、オバマ元大統領がこんな事を言うのはひどいなどと断じてはなりません。オバマの映像は作られたニセモノかもしれない時代だからです。結果、フェイクかどうかが見抜けない場合には、誰が言うかは関係なく、言った内容がひどいか（どうか）だけを検証する時代になるのではないでしょうか。つまり、誰が言ったかが関係なくなれば、わざわざ元大統領に言ってもいない事を言わせるフェイク動画を作る意味も無化できます。そして結局は、内容のみが正当性を持つかどうか問われて、批評の対象になる健全な時代になれば、ひとつの決着を見るのではないでしょうか。

よって、マクルーハンのメディア論を誤用したと批判された竹村健一さんのメディア論に対しても、マクルーハンは、こんな事を言っていないと責めるのは、非生産的です。誤用されたメディア論が有益であれば、誰が言ったというラベルを剥がして、正当に使える部分だけを『手段』として使うのが、著者の流儀でした。」（拙著『2度のがんにも！不死身の人文学』「3　メディア論者の宗教学序説」pp.143-144.）。

これまでの拙著の論考においても、フェイクであろうが、神の啓示であろうが、真偽はわからないという大前提で、（出処がどこであれ、）その「内容」が、多くの人々が抱える問題を正当に解決する「手段」に使えるかだけを、自分で判断するべきだと著者は考えて参りました。

もちろん、送り手や文脈を考えずに、内容の是非だけを問うことだけで、十分にフェイクの被害を防げるわけではありません。しかし簡単な防災の方法論ひとつで、少しでも被害を減らせるのであれば、初歩的な教育段階で浸透させるべきではないでしょうか。

そして今回も（附論）において、情報の「内容」が多くの人々にとって幸福（／リスク小）をもたらすように利用できれば、高次の志向倫理にも適うのではないかと考えて参りました。結果、情報論や情報学の見地からも、それ以上の善悪は問えないというのが著者の倫理観です。

それでも虚偽の可能性を一切許さないという立場を取るのであれば、全ての宗教を、科学的な根拠がないと完全に否定するべきでしょう。

著者は、社会情報のほとんどをテレビから享受しています。日本のテレビ番組（地上波）ほど、「内容」がバリエーション豊かな国はありません。もちろん、良くも悪くもです。夕方のニュース番組でグルメ情報を流している先進国などないでしょう。でも、だからこそ、日本のテレビ番組は、視聴者を操作する以前に、その欲求に正直に応えていると著者は信用できるのです。そして、たとえ一局の番組がフェイクニュースを報じたとしても、リモコンで瞬時に他局のニュースを比べて見ることもできるのでした。新聞では、比較するのが大仕事です。そして、テレビの場合、フェイクと分かれば、他局に指摘されるまでもなく、責任を取ってもらいやすいのも、正直なメディア空間だと評価できるでしょう。

テレビの生放送はシナリオがないため、社会の本音が知れる格好の教材です。但し、著者は、自身で描いたシナリオ通りに生きるムービー・スターでありたいのでした。以上、テレビに学び、映画のように生きる著者が考える簡単なポスト情報学でした。

附記

本附論は、著者が口頭発表した「フェイクを乗り越える情報空間の読み解き方——情報の地図に散在する『内容』は、『空気』の様に吸い込むべきか、『思想』を帯びていると警戒すべきか——」（第72回関東社会学会大会自由報告、2024.6.15. 於：明治学院大学）を叩き台に、大幅な加筆・修正した内容です。

附論の附録

テレビに学び、映画のように生きる！
臨床社会学者の前田が、内容のみで！評価できる作品ベスト10

1.『ゾンビ』(Dawn of the Dead, 1978.)
悪夢は映画で！現実は吉夢にと納得できるバイブル。

2.『時計仕掛けのオレンジ』(A Clockwork Orange, 1971.)
色褪せないモダンアートは！何度でも見続けられる。

3.『最後の忠臣蔵』(2010)
侍の美学を！心に刻む絵巻。

4.『ナチュラル・ボーン・キラーズ』(Natural Born Killers, 1994.)
決して真似のできない！恋愛のロールモデル。

5．『ゴッドファーザーII』（The Godfather Part II, 1974.）
ファミリーを死守する！-家族社会学の教科書。

6．『スター・ウォーズ／ジェダイの帰還』（Star Wars：Episode VI Return of the Jedi, 1983.）
時空を超えても！-勧善懲悪のカタルシス。

7．『地獄の黙示録』（Apocalypse Now, 1979.）
突き抜けたら！-デッドエンドこそ哲学。

8．『ミスト』（The Mist, 2007.）
救いがないのは！-人間学の定め。

9．『さらば宇宙戦艦ヤマト　愛の戦士たち』（1978）
人が演じる嘘くさい実写ではなくアニメーションだからこそ、泣けた。

10．『戦国自衛隊』（1979）
時空を超えても！-青春はグラフィティ。

番外：『ゴジラ対ヘドラ』（１９７１）

環境問題のテキ屋さんが営む！サイケな昭和館。

著者のセレクションでは、１９７０年代の作品が６割以上を占め、内外を問わず、★70年代に映画史の臨界点を感じます。

そして、私見ですが、２０１３年にアルコール依存症から回復する瞬間に経験した離脱症状で、リアルな幻覚幻聴を体感して以来、著者には虚構としか目に映らない映画やドラマに感情移入することができません。

あとがき

２０２４年の夏、パリオリンピックをテレビで観ながら改めて、日本の柔道家には残心を怠らず、試合後のメディア対応でも間違いなく始末をつけていた方々が何人も確認できました。例えば、66kg級で前回の東京オリンピックから連覇を果たした阿部一二三選手は、一本勝ちした後も、自陣に戻って畳に正座し、頭《こうべ》を垂れて一礼しています。

また、柔道ではありませんが、同様にニッポンのお家芸と言われる体操団体の大逆転劇にも、残心を怠らない日本選手の姿勢が見られました。エースの橋本大輝選手が会心の鉄棒演技で、逆転を確信した観客が沸き立った時の事。演技後の橋本自身が口元に手を当て、無言のサインを送って会場を鎮め、ライバル中国の選手を静穏な環境で演技ができるように送り出したのです。これぞ武士道の精神に準じた残心を怠らない姿勢でしょう。１９６４年の東京オリンピック、柔道会場におけるオランダのヘーシンク選手が示した残心を彷彿させました。（本書p.3.参照）

いずれも試合が一段落した後、洗練された始末の付け方、残心に当たる競技の最終決着＝解決策だと言えるでしょう。これを伝える報道家や、報道の残心を担うメタ報道家としての大学教員も見倣いたいものです。

かく言う著者は、不治のがんであろうが、なかろうが、生きて来た人生より、残心たる余生の方が確実に短い還暦をとっくに超えて……

不治のがんであろうが、なかろうが、元々過敏な心身には、緩和ケアがありがたいと感謝しながら……ライフワークである対面授業は、可能な限り継続します。

『楽天的闘病論――がんとアルコール依存症、転んでもタダでは起きぬ社会学』（晃洋書房、2016年）で、単著デビューしてから10年で、単著10冊。再び自身が身体（がん）と精神（依存症）をコントロールできている事実を引き合いに出して、一段落を迎えました。

本書で、自分が担当する科目においては、すべて自身の単著を教科書として、責任ある授業を全うする計画が、ほぼ完成しました。そして10年連続の単著出版で、10冊目は臨床社会学者の執筆人生における〝残心〟に当たるかもしれません。敬愛する映画監督の一人、鬼才クエンティン・タランティーノさんは、10作目で監督業に区切りをつけています。少なくとも著者の教授人生も、一段落かな。

後は、もはや消せない！不治のがん細胞たちとどこまで〈共生〉できるかです。

そして、FacebookもX（旧Twitter）も一切やらない孤高の著者は、大衆化し過ぎたWikipediaにも絶対に載らない！無冠のトリックスターであり続けたいのでした。

こんなわがままな執筆者の毎度パンクな原稿を、最後までやさしく丁寧に校正して下さった天女みたいな編集者の坂野美鈴さん、今回も掟破りの内容なのにバックで出版を英断して下さった編集部部長の西村喜夫様、ここまで十中八九も著者の大義を果たせて下さった晃洋書房さまには、心から御礼申し上げます。そして9冊とも、著者の奇抜な表紙リクエストに応えて下さったデザイナーの北村昭さん、これまで本当にありがとうございました。

最後まで、奇怪な前田ワールドに巻き込まれて下さった読者の皆様には、改めて感謝申し上げます。皆さん、あらゆる難局を制御して五感を保ち、話せる心身で長生きしましょう。

前田益尚

令和7年1月

ジャーナリズムと報道における残心
――不治のがん（身体）も、完治せぬ依存症（精神）も、
脳内で相対化できる！達人が斬った!! 時事問題集――

二〇二五年一月一〇日　初版第一刷発行

著　者　前田益尚©

発行者　萩原淳平
印刷者　河野俊一郎
発行所　株式会社　晃洋書房
京都市右京区西院北矢掛町七
電話　〇七五（三一二）〇七八八（代）
振替口座　〇一〇四〇―六―三二二八〇

印刷・製本　西濃印刷㈱
装丁　㈱クオリアデザイン事務所
ISBN 978-4-7710-3879-0

《著者紹介》

前田益尚（まえだ ますなお）

臨床社会学者．時として社会学芸人/「ほめる達人」検定１級（2013）

近畿大学文芸学部教授
近畿大学大学院総合文化研究科教授

1964年生まれ．滋賀県大津市出身
滋賀県立膳所高校卒
法政大学社会学部卒
成城大学大学院文学研究科コミュニケーション学専攻博士後期課程単位取得退学（文学修士）

専門領域：時事問題を解決するためのメディア研究

著者が敬服する！ 報道家：岡留安則さん（元『噂の眞相』編集発行人，2019年逝去）
『噂の眞相』：唯一無比のセンスを有した，タブーなきスキャンダル誌．
（例）大手メディアが軒並み口を噤《つぐ》んでいたジャニーズ性加害の問題も，1980年代からコンスタントに生々しく報道していました．
岡留さんは，法政大学社会学部の大先輩で，著者の大学と学部選びにもヒントを与えてくれました．

所属学会：日本社会学会，関西社会学会，関東社会学会，日本メディア学会，（財）情報通信学会，日本社会心理学会，日本アルコール関連問題学会，関西アルコール関連問題学会

主な単著：
『起死回生の政治経済学：日本《ニッポン》が蘇《よみが》える！ドラスティックな政策論集（附論：あらゆる「環境」問題とは，人間だけの空想ではないのだろうか）』晃洋書房，2024.
『２度のがんにも！不死身の人文学：超病の倫理学から，伴病の宗教学をめぐって』晃洋書房，2023.
『高齢者介護と福祉のけもの道：ある危機的な家族関係のエスノグラフィー』晃洋書房，2022.
『サバイバル原論：病める社会を生き抜く心理学』晃洋書房，2021.
『パンク社会学：ここでしか言えない社会問題の即興解決法』晃洋書房，2020.
『脱アルコールの哲学：理屈でデザインする酒のない人生』晃洋書房，2019.
『マス・コミュニケーション単純化の論理：テレビを視る時は，直観リテラシーで』晃洋書房，2018.
『大学というメディア論：授業は，ライヴでなければ生き残れない』幻冬舎ルネッサンス新書，2017.
『楽天的闘病論：がんとアルコール依存症，転んでもタダでは起きぬ社会学』晃洋書房，2016.
その他，共著，学術論文など多数．

【参考文献】

阿部潔『スポーツの魅惑とメディアの誘惑：身体/国家のカルチュラル・スタディーズ』世界思想社教学社, 2008.

Assange, J., *Cypherpunks*：*Freedom and the Future of the Internet*, The Times Group Books, 2013.（松田和宏訳『サイファーパンク インターネットの自由と未来』青土社, 2013.）

東浩紀『弱いつながり 検索ワードを探す旅』幻冬舎, 2014.

――――『ゲンロン0 観光客の哲学』株式会社ゲンロン, 2017.

ビートたけし・高田文夫『ビートたけしの三国一の幸せ者 いたいけなおまえらへ「これは俺の本だ！」』サンケイ出版, 1981.

アレキサンダー・ベネット『日本人の知らない武士道』文春新書, 2013.

Benjamin, W., *Das Kunstwerk im Zeitalter seiner technischen Reproduzierbarkeit*, 1936.（佐々木基一ほか訳『複製技術時代の芸術』晶文社, 1997.）

Brecht, B.W., *Große kommentierte Berliner und Frankfurter Augabe*. Hg. Von W. Hecht/J. Knopf/W. Mittenzwei/K.-D. Müller. Aufbau-Verlag Berlin und Weimar/Suhrkamp Verlag Frankfurt am Main, 1988–1998.

Clausewitz, C., *Vom Kriege*. Berlin：F. Dummler, 1832–1834.（篠田英雄訳『戦争論』〈上・中・下〉岩波文庫, 1968.）

Conrad, J., *Heart of Darkness*, Blackwood's Magazine, 1899.（中野好夫訳『闇の奥』岩波文庫, 1958.）

Crawford, F & Mathews, R., *The Myth of Excellence: Why Great Companies Never Try to Be the Best at Everything*, Cap Gemini Ernst & Young U.S. LLC, 2001.（星野佳路監修，長澤あかね・仲田由美子訳『競争優位を実現するファイブ・ウェイ・ポジショニング戦略』イースト・プレス. 2013.）

ダースレイダー『イル・コミュニケーション：余命5年のラッパーが病気を哲学する』ライフサイエンス出版, 2023.

Durkheim , É., *De la division du travail social*. 1893.（井伊玄太郎訳『社会分業論』〈上・下〉講談社学術文庫，1989.）

江川卓『たかが江川されど江川』新潮社，1988.

遠藤誉『習近平が狙う「米一極から多極化へ」台湾有事を創り出すのはCIAだ！』ビジネス社, 2023.

Feshbach, S. and Singer, R.D., *Television and Aggression*, Jossey-Bass Inc, 1971.

フィフィ『まだ本当のこと言わないの？　日本の９大タブー』幻冬舎, 2023.

Freud, S., *Three Essays on the Theory of Sexuality*. Standard Edition, Vol. 7 . trans. Strachey J, London：Hogarth Press, 1953.（懸田克躬・高橋義孝他訳「性欲論三篇」『フロイト著作集』５，人文書院，pp. 7 –94. 1969.）

――――― *On Narcissism*：*An Introduction*. Standard Edition, Vol.14. trans. Strachey J, London：Hogarth Press, 1957.（懸田克躬・高橋義孝ほか訳「ナルシシズム入門」『フロイト著作集』５，人文書院，pp.109–132. 1969.）

――――― *Formulations on the Two Principals of Mental Functioning*,. S.E.,12. London：Hogarth Press,1958.（井村恒郎訳「精神現象の二原則に関する定式」『フロイト著作集』６，人文書院，pp.36–41. 1970.）

藤井彰夫『「正義」のバブルと日本経済』日経BP 日本経済新聞出版, 2023.

藤田文武「政党は経営する時代　巨大与党と戦う武器はベンチャー精神」『中央公論』2023年８月号, 中央公論新社, pp.28–35.

―――――『40代政党COO 日本の大改革に挑む』ワニブックス, 2023.

藤原智浩『ゼロから始める！法人営業：ずっと勝ち続ける新規開拓営業の新常識』産業能率大学出版部, 2023.

福田充『リスク・コミュニケーションとメディア：社会調査論的アプローチ』北樹出版, 2010.

―――――『リスクコミュニケーション：多様化する危機を乗り越える』平凡社新書, 2022.

古舘恒介『エネルギーをめぐる旅：文明の歴史と私たちの未来』英治出版, 2021.

ガーシー（東谷義和）『死なばもろとも』幻冬舎, 2022.

Galtung, J., *Conflict Transformation by Peaceful Means【the Transcend Method】*, United Nations, 2000.（伊藤武彦編・奥本京子訳『平和的手段による紛争の転換【超越法】』平和文化, 2000.）

Graeber, D., *Debt: The First 5,000 Years*, Melville House , 2011.（酒井隆史・

高祖岩三郎・佐々木夏子訳『負債論 貨幣と暴力の5000年』以文社，2016.）
Graeber,D.& Wengrow, D., *The Dawn of Everything: A New History of Humanity*, Penguin Books, 2022.（酒井隆史訳『万物の黎明 人類史を根本からくつがえす』光文社，2023.）
グジバチ，ピョートル・フェリクス『心理的安全性 最強の教科書』東洋経済新報社，2023.
萩本欽一『欽ドン いってみようやってみよう』集英社，1975.
浜内彩乃『流れと対応がチャートでわかる！子どもと大人の福祉制度の歩き方』ソシム，2024.
濱安高信『余命１日の宣告：植物人間になって』パブフル，2017.
榛澤和彦「避難所の健康被害を防ぐ『TKB48』：市民社会保護の理念で避難環境の改善を」『月刊保団連』1341号，全国保険医団体連合会，pp.36–42. 2021.
原広司『空間＜機能から様相へ＞』岩波現代文庫，2007.
原田曜平『Z世代 若者はなぜインスタ・TikTokにハマるのか？』光文社新書，2020.
Harari, Y.N., *Sapiens*：*A Brief History of Humankind*. London：Harvill Secker. 2014.（柴田裕之訳『サピエンス全史：文明の構造と人類の幸福』河出書房新社．2016.）
Hari, J., *Chasing the Scream*：*The First and Last Days of the War on Drugs*, 2020.（福井昌子訳『麻薬と人間 100年の物語：薬物への認識を変える衝撃の真実』作品社，2021.
橋本琴絵『われ，正気か！』ワック，2024.
橋下徹『折れない心 人間関係に悩まない生き方』PHP新書，2023.
服部正也『ルワンダ中央銀行総裁日記 増補版』中公新書，2009.
林健太郎『否定しない習慣』フォレスト出版，2022.
早川洋行『われわれの社会を社会学的に分析する』ミネルヴァ書房，2020.
林修『イラスト図解 いつやるか？今でしょ!』宝島社，2015.
日野啓三『都市という新しい自然』読売新聞，1988.
Hegel, G.W.F,. *Vorlesungen über die Philosophie der Geschichte*, 1840.（長谷

川宏訳『歴史哲学講義』上・下, 岩波文庫, 1994.)
Heidegger, M., *Sein und Zeit*. Niemeier, 1927.（桑木務訳『存在と時間』岩波文庫, 1960.）
東島雅昌『民主主義を装う権威主義：世界化する選挙独裁とその論理』千倉書房, 2023.
ヒギンス, シャノン『阪神タイガースを本気で応援してまっか？』幻冬舎, 2003.
樋野興夫『がん哲学外来へようこそ』新潮新書, 2016.
平田聡『仲間とかかわる心の進化：チンパンジーの社会的知性』岩波科学ライブラリー, 2013.
広井良典『人口減少社会のデザイン』東洋経済新報, 2019.
Hooper, R., *How to Spend a Trillion Dollars：Saving the World and Solving the Biggest Mysteries in Science*, Profile Books. 20021.（滝本安里訳『100兆円で何ができる？：地球を救う10の思考実験』化学同人, 2023.）
堀江貴文『東京改造計画』幻冬舎, 2020.
細谷功『アナロジー思考「構造」と「関係性」を見抜く』東洋経済新報, 2011.
細谷雄一『戦後史の解放』新潮選書, 2015–2018.
――――「地球を読む：88年前の教訓　小国犠牲の和平 大戦招く」『読売新聞』2024.5.26. 1－2面.
伊波貢『OKINAWA RULES』Kindle版, 2023.
稲増一憲『マス・メディアとは何か：「影響力」の正体』中公新書, 2022.
石井美恵子, 永田宏和『【保存版】新しい防災のきほん辞典』朝日新聞出版, 2021.
岩田温『「リベラル」という病 奇怪すぎる日本型反知性主義』彩図社, 2018.
――――・有馬純『エコファシズム　脱炭素・脱原発・再エネ推進という病』扶桑社, 2022.
泉房穂『社会の変え方　日本の政治をあきらめていたすべての人へ』ライツ社, 2023.
――――『10代からの政治塾 子どもも大人も学べる「日本の未来」の作り方』KADOKAWA, 2024.

本郷和人『歴史をなぜ学ぶのか』SBクリエイティブ, 2022.
堀江貴文『多動力』幻冬舎, 2017.
細野秀雄『好きなことに，バカになる』サンマーク出版, 2010.
————「あすへの考【日の丸材料の未来】学問は社会貢献してこそ」『読売新聞』2023.7.30. 6面.
市川沙央『ハンチバック』文藝春秋, 2023.
井手英策『ベーシックサービス：「貯蓄ゼロでも不安ゼロ」の社会』小学館新書, 2024.
飯島勲『小泉元総理秘書官が明かす 人生「裏ワザ」手帖』プレジデント社, 2010.
————『秘密ノート：交渉，スキャンダル，消し，橋下対策』プレジデント社, 2013.
————『ひみつの教養：誰も教えてくれない仕事の基本』プレジデント社, 2015.
池上彰・佐藤優『プーチンの10年戦争』東京堂出版, 2023.
稲増龍夫「メディア文化環境における新しい消費者」星野克美編『記号化社会の消費』ホルト・サウンダース，1985.
井上章一『海の向こうでニッポンは』平凡社新書, 2023.
井上達夫『共生の作法：会話としての正義』創文社, 1986.
磯田道史『徳川家康 弱者の戦略』文春新書, 2023.
伊藤浩介『ドレミファソラシは虹の七色？知られざる「共感覚」の世界』光文社新書, 2021.
岩崎邦彦『地域引力を生み出す 観光ブランドの教科書』日本経済新聞出版, 2019.
泉房穂・藤井聡『「豊かな日本」は，こう作れ！』ビジネス社, 2023.
和泉悠『悪い言語哲学入門』ちくま新書, 2022.
————『悪口ってなんだろう』ちくまプリマー新書, 2023.
自民党国家戦略本部編『日本未来図2030　20人の叡智が描くこの国のすがた』日経BP, 2014.
上念司・篠田英朗『不安を煽りたい人たち』ワック, 2020.
樺沢紫苑『脳を最適化すれば能力は２倍になる　脳内物質で仕事の精度と速

度を上げる方法』文響社, 2024.
――――『19歳までに手に入れる　7つの武器』幻冬舎, 2024.
Kahneman, D., Amos Tversky, A., "Prospect Theory：An Analysis of Decision under Risk", Econometrica, XLVII , 1979. 263–291.
海外塾講師ヒラ『勉強嫌いでもドハマりする勉強麻薬』フォレスト出版, 2023.
垣添忠生「地球を読む 介護保険の危機」『読売新聞』2023.8. 6 . 1 - 2 面
亀淵昭信『秘伝オールナイトニッポン：奇跡のオンエアはなぜ生まれたか』小学館新書, 2023.
神里達博『リスクの正体：不安の時代を生き抜くために』岩波新書, 2020.
叶井俊太郎『エンドロール！末期がんになった叶井俊太郎と，文化人15人の“余命半年”論』サイゾー, 2023.
Kant, I., *Kritik der reinen Vernunft*, 1781.（篠田英雄訳『純粋理性批判』上・中・下，岩波文庫，1961–1962.）
柏原光太郎『「フーディー」が日本を再生する！ニッポン美食立国論：時代はガストロノミーツーリズム』日刊現代, 2023.
加谷珪一『お金は「歴史」で儲けなさい』朝日文庫, 2019.
河合雅圭『ダーウィンの進化論はどこまで正しいのか？進化の仕組みを基礎から学ぶ』光文社新書, 2024.
Kawai, N., Kanaya Y., *Anger is eliminated with the disposal of a paper written because of provocation*, Scientific Report, 2024. https：//www.nature.com/articles/s41598-024-57916-z.
河岡義裕・河合香織『新型コロナウイルスを制圧する ウイルス学教授が説く，その「正体」』文藝春秋, 2020.
Keynes, J.M., *The General Theory of Employment, Interest and Money*, 1936.（間宮陽介『雇用, 利子および貨幣の一般理論』岩波文庫, 2008.）
九鬼周造『「いき」の構造』岩波文庫, 1979.
小林盾「様相・行為・ルール：様相概念による，行為とルールの回帰性の位置付け」『ソシオロゴス』No. 16, pp.35–51, 1992.
――――『ライフスタイルの社会学：データから見る日本社会の多様な格差』東京大学出版会, 2017.

小峰元『ディオゲネスは午前三時に笑う』講談社文庫, 1977.
小宮信夫『犯罪は予測できる』新潮新書, 2013.
甲野善紀『古武術に学ぶ　子どものこころとからだの育て方』ビジネス社, 2023.
小谷賢『日本インテリジェンス史：旧日本軍から公安，内調，NSCまで』中公新書, 2022.
小山堅『地政学から読み解く！戦略物資の未来地図』あさ出版, 2023.
草野厚『国鉄改革：政策決定ゲームの主役たち』中公新書, 1989.
Locke, J., *Some Thoughts Concerning Education,* 1963.（服部知文訳『教育に関する考察』岩波文庫,1967.）
Lovelock, J., *The Ages of Gaia*：*A Biography of Our Living Earth.* Oxford University Press, 1988.（星川淳訳『ガイアの時代：地球生命圏の進化』工作舎, 1989.）
前田健太郎『市民を雇わない国家：日本が公務員の少ない国へと至った道』東京大学出版会, 2014.
前田益尚「大衆心理とTV型パーソナリティ発達の諸段階」『文学・芸術・文化』第13巻１号，近畿大学文芸学部，2001.12.31. pp.73‒88.
――――「アンチテーゼとしてのジャーナリズム論（上・下）：ある制度的小集団における異化政策」『マスコミ市民』第412号，第413号, NPO法人マスコミ市民フォーラム，2003.
――――「メディア史の臨界点，テレヴィジョンの映像」大越愛子・清眞人・山下雅之編『現代文化テクスチュア』晃洋書房, 2004. pp.131‒143.
――――『楽天的闘病論：がんとアルコール依存症，転んでもタダでは起きぬ社会学』晃洋書房, 2016.
――――『大学というメディア論:授業は，ライヴでなければ生き残れない』幻冬舎ルネッサンス新書，2017.
――――『マス・コミュニケーション単純化の論理：テレビを視る時は直観リテラシーで』晃洋書房，2018.
――――『脱アルコールの哲学：理屈でデザインする酒のない人生』晃洋書房, 2019.
――――『パンク社会学：ここでしか言えない社会問題の即興解決法』晃洋

書房, 2020.
――――『サバイバル原論：病める社会を生き抜く心理学』晃洋書房, 2021.
――――『２度のがんにも！不死身の人文学：超病の倫理学から，伴病の宗教学をめぐって』晃洋書房, 2023.
――――『起死回生の政治経済学：日本が蘇える！ドラスティックな政策論集（附論：あらゆる「環境」問題とは，人間だけの空想ではないのだろうか）』晃洋書房，2024.
孫崎亨『アメリカに潰された政治家たち』河出文庫, 2021.
牧田幸裕『名古屋商科大学ビジネススクール ケースメソッドMBA実況中継 01 経営戦略とマーケティング』ディスカヴァー・トゥエンティワン, 2020.
牧野邦昭「大学共通テストの社会的役割」『中央公論』令和６年３月号, 中央公論新社, 2024. pp.12–13.
Maslow, A.H., *Motivation and Personality*. Harper & Brothers 1954.（小口忠彦訳『人間性の心理学：モチベーションとパーソナリティ』産能大出版部；改訂新版, 1987.）
松井隆志『流されながら抵抗する社会運動：鶴見俊輔「日常的思想の可能性」を読み直す』現代書館, 2024.
松木武彦『はじめての考古学』ちくまポリマー新書, 2021.
松本俊彦・古藤吾郎・上岡陽江『ハームリダクションとは何か：薬物問題に対する，あるひとつの社会的選択』中外医学社, 2017.
松岡正剛・ドミニク・チェン『謎床：思考が発酵する編集術』晶文社, 2017.
McFadden, J., *Life Is Simple*：*How Occam's Razor Set Science Free and Shapes the Universe*, Basic Books, 2021.（水谷淳訳『世界はシンプルなほど正しい「オッカムの剃刀」はいかに今日の科学をつくったか』光文社, 2023.）
Miller, W.R., Rollnick, S., *Motivational Interviewing SECOND EDITION Preparing People for Change*, The Guiford Press, 2002.（松島義博，後藤恵訳『動機づけ面接法 基礎・実践編』星和書店，2007.）
峯村昌志『30分の面談だけで売上140％達成！社長ダイレクトZoom営業』

ぱる出版, 2023.
宮本武蔵『五輪書』岩波文庫, 1985.
宮沢孝幸・鳥集徹『最新版 コロナワクチン 失敗の本質』宝島社, 2024.
水谷修『少数異見：「考える力」を磨く社会科ゼミナール』日本評論社, 2018.
物江潤『入試改革はなぜ狂って見えるか』ちくま新書, 2021.
森達也『たったひとつの「真実」なんてない：メディアは何を伝えているのか？』筑摩書房, 2014.
森岡毅『USJを劇的に変えた，たった1つの考え方 成功を引き寄せるマーケティング入門』KADOKAWA, 2016.
元橋利恵『母性の抑圧と抵抗：ケアの倫理を通して考える戦略的母性主義』晃洋書房, 2021.
村山秀太郎『地図でスッと頭に入る世界の資源と争奪戦』昭文社, 2023.
中正樹『「客観報道」とは何か：戦後ジャーナリズム研究と客観報道論争』新泉社, 2006.
中井正一（久野収編）『美と集団の論理』中央公論社, 1962.
中島みゆきのオールナイトニッポン『LOVE』ニッポン放送出版, 1987.
中島啓勝『ておくれの現代社会論：○○と□□ロジー』ミネルヴァ書房, 2024.
中西孝樹『トヨタEV戦争　EVを制した国が，世界の経済を支配する』2023.
中野信子・澤田匡人『正しい恨みの晴らし方』ポプラ社, 2015.
中野収『コミュニケーションの記号論：情報環境と新しい人間像』有斐閣, 1984.
中谷内一也『安全．でも，安心できない…：信頼をめぐる心理学』ちくま新書, 2008.
――――『信頼学の教室』講談社現代新書, 2015.
中澤渉『なぜ日本の公教育費は少ないのか：教育の公的役割を問い直す』勁草書房, 2014.
長尾和宏『がんは人生を二度生きられる』青春出版社, 2016.
難波功士『社会学ウシジマくん』人文書院, 2013.

ナンシー関『何様のつもり』～『何を根拠に』（全10冊）世界文化社，1992～2003.
――――『小耳にはさもう』～『耳のこり』（全６冊）朝日新聞社，1994～2002.
――――『テレビ消灯時間１』～『テレビ消灯時間６　天地無用』（全６冊）文藝春秋，1997～2002.
Niebuhr, R., *The Irony of American History*. University of Chicago Press, 1952.（大木英夫・深井智朗訳『アメリカ史のアイロニー』聖学院大学出版会，2002.）
―――― *Justice and Mercy*, Harper & Row, Publisher, 1974.（梶原寿訳『義と憐れみ：祈りと説教』新教出版社，1975.）
Nietzsche, F., *Also sprach Zarathustra*, Ernst Schmeitzner, 1883–1885.（氷上英廣訳『ツァラトゥストラはこう語った』上・下，岩波文庫，1967・1970.）
―――― *Wille zur Macht*,（原佑訳『権力への意志』上・下，ちくま学芸文庫，1993.）
―――― *Ecce homo*, 1908.（西尾幹二訳『この人を見よ』新潮文庫，1990.）
西部邁『虚無の構造』中公文庫，2013.
西垣通『デジタル社会の罠　生成AIは日本をどう変えるか』毎日新聞出版，2023.
西村貴好『泣く子もほめる！「ほめ達」の魔法』経済界新書，2013.
西成活裕『誤解学』新潮選書，2014.
――――『東大教授の考え続ける力がつく思考習慣』あさ出版，2021.
新渡戸稲造著・矢内原忠雄訳『武士道』岩波文庫，1938.
野口健『確かに生きる：10代へのメッセージ』クリタ社，2007.
――――『自然と国家と人間と』日経BPマーケティング，2009.
Oakeshott, M., *Rationalism in politics and other essays*. Methuen, 1962.（渋谷浩ほか訳『保守的であること：政治的合理主義批判』昭和堂，1988.）
大崎洋『居場所。』サンマーク出版，2023.
大崎直太『生き物の「居場所」はどう決まるか：攻める，逃げる，生き残るためのすごい知恵』中公新書，2024.

大空幸星『「死んでもいいけど，死んじゃダメ」と僕が言い続ける理由：あなたのいばしょは必ずあるから（14歳の世渡り術）』河出書房新社，2022.
小川仁志『アダム・スミス 人間の本質：「道徳感情論」に学ぶよりよい生き方』ダイヤモンド社，2014.
小原ブラス『めんどくさいロシア人から日本人へ』扶桑社，2022.
岡留安則『武器としてのスキャンダル』SSコミュニケーションズ，1982.
――――『「噂の眞相」25年戦記』集英社新書，2005.
――――『編集長を出せ！「噂の眞相」クレーム対応の舞台裏』ソフトバンククリエイティブ，2006.
岡本健『ゾンビ学』人文書院，2017.
Ortega, J.G., *La rebelión de las masas,* Madrid, 1929.（神吉敬三訳『大衆の反逆』筑摩書房，1995.）
長内厚『読まずにわかる！「経営学」イラスト』講義』宝島社，2020.
Plotinus., *Enneades.* Hockett Publishing, 1964.（田中美知太郎・水地宗明・田之頭安彦訳『エネアデス（抄）I II』中央公論新社，2007.）
Porges, S. W., *The Pocket Guide to the Polyvagal Theory: The Transformative Power of Feeling Safe,* W. W. Norton. 2017.（花丘ちぐさ訳『ポリヴェーガル理論入門：心身に変革をおこす「安全」と「絆」』春秋社，2018.）
Puett, M. & Gross-Lon, C., *The Path: What Chinese Philosophers Can Teach Us about the Good Life,*（熊谷淳子訳『ハーバードの人生が変わる東洋哲学：悩めるエリートを熱狂させた超人気講義』ハヤカワ・ノンフィクション文庫，2018.）
Rhodes, C., *Woke Capitalism：How Corporate Morality Is Sabotaging Democracy,* Bristol Univ Press, 2021.（庭田よう子訳，中野剛志解説『WOKE CAPITALISM「意識高い系」資本主義が民主主義を滅ぼす』東洋経済新報社，2023.）
Rifkin, J., *Entropy：Into the Greenhouse World,* Bantam. 1981.（竹内均訳『エントロピーの法則――21世紀文明観の基礎』祥伝社，1982.）
ROLAND『俺か，俺以外か．ローランドという生き方』KADOKAWA, 2019.

モーリー・ロバートソン『挑発的ニッポン革命論 煽動の時代を生き抜け』集英社, 2017.

Russell, B., *Sceptical Essays*, London：George Allen & Unwin. 1928.（東宮隆訳『懐疑論集』みすず書房, 1963.）

———— *The Conquest of Happiness*, London：George Allen & Unwin. 1930.（安東貞雄訳『ラッセル幸福論』岩波文庫,1991.）

酒井順子『テレビってやつは』マガジンハウス, 1991.

————『観光の哀しみ』新潮社, 2000.

————『本棚には裏がある』毎日新聞出版, 2023.

————『日本エッセイ小史 人はなぜエッセイを書くのか』講談社, 2023

境家史郎『戦後日本政治史——占領期から「ネオ55年体制」まで』中公新書, 2023.

榊原洋一・高山恵子『図解 よくわかる大人のADHD』ナツメ社, 2013.

坂村健「人間と対話する訓練に」大森不二雄「文章力や思考力に効く」山中司「使い分けが大事なのだ」ほか「『生成AI』で大学は進化する『未来の道具』を使いこなせ」『AERA』2023.7.10. Vol.36 No.31. 朝日新聞出版, pp.10–15.

————（解説）『未来省（The MINIstry for the Future）』（キム・スタンリー・ロビンスン著）パーソナルメディア, 2023.

坂村健・松尾豊「生成AIは対話力を鍛えるバディ」『中央公論』2024年３月号, 中央公論新社, 2024.2. 9 .

Sandel, M.J., *The Tyranny of Merit*：*What's Become of the Common Good?*, Farrar, Straus and Giroux, 2020.（鬼澤忍訳『実力も運のうち 能力主義は正義か？』早川書房, 2021.）

Sapolsky, R.M., *Behave*：*The Biology of Humans at Our Best and Worst*, Penguin Press, 2017.（太田直子訳『善と悪の生物学』NHK出版, 2023.）

佐々木俊尚『この国を蝕む「神話」解体 市民目線・テクノロジー否定・テロリストの物語化・反権力』徳間書店, 2023.

佐藤卓己『テレビ的教養：一億総博知化への系譜』NTT出版, 2008.

佐藤泰子『死生の臨床人間学：「死」からはじまる「生」』晃洋書房, 2021.

さつきあい『生まれたて.』集英社, 2023.
Schneier, B., *A Hacker's Mind：How the Powerful Bend Society's Rules, and How to Bend Them Back*, W. W. Norton, 2023.（高橋聡訳『ハッキング思考――強者はいかにしてルールを歪めるのか，それを正すにはどうしたらいいのか』日経BP, 2023.）
Schopenhauer, A., *Aphorismen zur Lebensweisheit*, 1818.（金森誠也訳『孤独と人生』白水社, 2010.）
―――― *Parerga und Paralipomena*: Kleine Philosophische Schriften, 1851.（斎藤忍随訳『読書について』岩波文庫，1960.）
星海社編集部編『「学問」はこんなにおもしろい！憲法・経済・商い・うなぎ』星海社新書, 2014.
世耕石弘『近大革命』産経新聞出版, 2017.
千正康裕『ブラック霞が関』新潮新書, 2020.
先﨑彰容『違和感の正体』新潮選書, 2016.
――――『バッシング論』新潮選書, 2019.
Sifton, E., *The Serenity Prayer: Faith and Politics in Times of Peace and War*, W. W. Norton, 2005.（穐田信子訳／安酸敏眞解説『平静の祈り　ラインホールド・ニーバーとその時代』新教出版社, 2020.
島田紳助「『広末涼子不倫』『ガーシーとの本当の関係』『ダウンタウン松本vs.オリラジ中田』『上岡龍太郎の死』全てを語った『島田紳助』独占告白」『週刊新潮』2023年 7 月27日号 . 新潮社 . pp.30–33.
島田洋一『腹黒い世界の常識』飛鳥新社, 2023.
――――・飯山陽『日本の国際報道はウソだらけ』かや書房, 2024.
神成淳司・田中浩也・脇田玲・矢作尚久ほか『2050年の入試問題』日本経済新聞出版社, 2022.
笑福亭鶴光『鶴光の新かやくごはん』ベストセラーズ, 1980.
Smith, A., *An Inquiry into Nature and Causes of the Wealth of Nations*, in three volumes,the fifth edition：printed for A. Strahan; and T. Cadell, in the Strand, 1789.（大河内一男訳『国富論Ⅱ』中公文庫，1978.）
―――― *The Theory of Moral Sentiments*, in two volumes：Print for A. Strahan; and T. Cadell in the Strand, 1790.（高哲男訳『道徳感情論』講

談社学術文庫，2013.）
Solnit, R., *A Paradise Built in Hell*, Nadell, 2009.（高月園子『災害ユートピア：なぜそのとき特別な共同体が立ち上がるのか』亜紀書房, 2010.）
杉浦郁子・星野潔編著『テキスト社会学』学文社, 2007.
杉山大志『「脱炭素」は嘘だらけ』産経新聞出版, 2021.
――――『亡国のエコ：今すぐやめよう太陽光パネル』ワニブックス, 2023.
鈴木正彦・末光隆志『「利他」の生物学：適者生存を超える進化のドラマ』中公新書, 2023.
田原総一朗「野中広務からの紙袋の中に100万円の束があった」，飯島勲・的場順三「政権の〝裏方〟を担った幹部はなぜ『話せない』のか」ほか【証言 官房機密費】『週刊ポスト』2024年６月７・14日, 小学館, pp.27–33.
高浜寛『ニュクスの角灯』全６巻, リイド社, 2016–2019.
高橋洋一『たった１つの図でわかる！【図解】新・経済学入門』あさ出版, 2023.
――――・石平『断末魔の数字が証明する 中国経済崩壊宣言！』ビジネス社, 2023.
高井康行「過剰な政治不信は社会を不健全にする」（聞き手：安藤慶太）『月刊正論』2024年４月号, 日本工業新聞社, 2024. pp.41–50.
高野佐三郎『剣道』島津書房, 2013.
武田徹『原発報道とメディア』講談社現代新書, 2011.
竹村健一『竹村健一の世相を斬る』サンケイ出版, 1981.
為末大『Winning Alone（ウィニング・アローン）自己理解のパフォーマンス論』プレジデント社, 2020.
田中角栄『日本列島改造論』日刊工業新聞社, 1972.
谷村新司『谷村新司の天才・秀才・ばか』ベストセラーズ, 1980.
田内学『きみのお金は誰のため：ボスが教えてくれた「お金の謎」と「社会のしくみ」』東洋経済新報社, 2023.
チームドラゴン桜『なぜか結果を出す人が勉強以前にやっていること』東洋経済新報社, 2023.
『TV Bros（テレビブロス）』東京ニュース通信社, 1987.7.–2020.1.

Thaler, R.H.& Sunstein, C.R., *Nudge: Improving Decisions About Health, Wealth and Happiness*, Penguin Books, 2022.（遠藤真美訳『NUDGE 実践 行動経済学 完全版』日経BP. 2022.
富田勝『脱優等生のススメ』ハヤカワ新書, 2023.
冨山和彦『選択と捨象 「会社10年」時代の企業進化論』朝日新聞出版, 2015.
内田和成『仮説思考 BCG流 問題発見・解決の発想法』東洋経済新報社, 2006.
内田樹『武道的思考』ちくま文庫, 2019.
――――『武道論：これからの心身の構え』河出書房新社, 2021.
『噂の眞相』1982年４月号～
Vince, G., *Nomad Century: How to Survive the Climate Upheaval*, Allen Lane, 2022.（小坂恵理訳『気候崩壊後の人類大移動』河出書房新社, 2023.）
和田秀樹『どうせ死ぬんだから 好きなことだけやって寿命を使いきる』SBクリエイティブ, 2023.
Wachtel, P.L., *Therapeutic Communication, Second Edition: Knowing What to Say When*, Guilford Press, 2013.（杉原保史訳『心理療法家の言葉の技術［第２版］：治療的コミュニケーションを開く』金剛出版, 2014.
Walsh, R.N./ Vaughan, F.（EDT）., *Beyond Ego: Transpersonal Dimension in Psychology*. J P Tarcher, 1980.（吉福伸逸訳『トランスパーソナル宣言―自我を超えて』春秋社, 1986.）
Whitman, J.Q., *HITLER'S AMERICAN MODEL The United States and the Making of Nazi Race Law*, Princeton University Press, 2017.（西川美樹訳『ヒトラーのモデルはアメリカだった 法システムによる「純血の追求」』みすず書房, 2018.
矢萩邦彦『自分で考える力を鍛える 正解のない教室』朝日新聞出版, 2023.
山本七平『「空気」の研究』文春文庫, 1983.
山岡荘八『徳川家康』講談社文庫, 1987-1988.
ティムラズ・レジャバ，ダヴィド・ゴギナシュヴィリ『大使が語るジョージア　観光・歴史・文化・グルメ』星海社新書, 2023.
Zorn, J. & Marz, L., *Golden: The Power of Silence in a World of Noise*, Harper

Wave, 2022.（柴田裕之訳『静寂の技法：最良の人生を導く「静けさ」の力』東洋経済新報社, 2023.）

【参考番組】（視聴順）

中達也，アレキサンダー・ベネットほか（解説）岡田准一，ケンドー・コバヤシ（司会）「一の段　空手の一撃必殺」『明鏡止水　～武のKAMIWAZA』NHK BSプレミアム, 2022.4.9.
成田悠輔（ゲスト）林修（MC）「学力さえあればそれ以外は問われない日本の高校から大学入試システムは，人生で1回きりの公平な試験」『日曜日の初耳学』TBS, 2022.4.17 22：00～22：54.
加藤総夫，榎本和生（解説），潮田玲子（ゲスト）「“痛み”それは心の起源」『ヒューマニエンス』NHK BSプレミアム, 2022.5.24. 22：00～22：59.
アレキサンダー・ベネットほか「あなたの街のラフカディオ」『COOL JAPAN～発掘！かっこいいニッポン』NHK BS1, 2022.7.3. 18：00～18：50.
松田優作「松田優作“ブラック・レイン”に刻んだ命」『アナザーストーリー運命の分岐点』NHK総合テレビ, 2022.11.11. 22：00～22：45.
アレキサンダー・ベネットほか（解説）岡田准一，ケンドー・コバヤシ（司会）「香取神道流」『明鏡止水　～武のKAMIWAZA』NHK BSプレミアム, 2023.1.9. 23：00～23：50.
A Five-star World, La Générale de Production, 2022.（「星はいくつ？“オンライン評価”社会の危うさ」『BS世界のドキュメンタリー』NHK BS1, 2023.2.27. 22:50～23:40）
柴田晋介, 高橋淑子, 伊藤浩介, 平田聡ほか（出演）「“神経”謎だらけのネットワーク」『ヒューマニエンス 40億年のネットワーク』NHK BSプレミアム, 2023.4.25. 22：00～22：59.
畑山博史, 足立基浩, 林久美子, 藤本淳史, デビッド・ホセイン（文化人）「110番・119番の不適正利用」『ブラマヨ弾話室～ニッポン，どうかしてるぜ！～』BSフジ, 2023.5.14. 22：30～23：00.
「ロシアに“連れ去られた”2万人の子どもたち．追跡して見えた恐るべきロシアの国家戦略とは．」『Digital Eye ウクライナ OSINTで迫る“戦場

の霧”』NHK BS 1 , 2023.5.28. 21：50〜22：40.
山極壽一，河江肖剰，瀬谷ルミ子（ゲスト）鈴木亮平（MC）『ヒューマンエイジ 人間の時代 第２集 戦争 なぜ殺し合うのか』（NHKスペシャル）NHK総合テレビ, 2023.6.18. 21：00〜21：50.
服部博憲（SONY）「三苫の１ミリ…運命を変える!?スポーツ判定システム」『居間からサイエンス』BSテレ東, 2023.7. 5 . 22：00〜22：55.
新間寿，坂口征二，藤原喜明，ボブ・アラム，ジーン・キルロイ，ジョシュ・グロス「アントニオ猪木vs.モハメド・アリ“世紀の一戦”の真実」『アナザーストーリー 運命の分岐点』NHK総合テレビ, 2023.7. 7 . 22：00〜22：45
成田悠輔（ゲスト）「SNS誹謗中傷に政治はどう動く 発信税の可能性示唆『１発信10円で状況変わる可能性』」爆笑問題（MC）『サンデー・ジャポン』TBS, 2023.7.16. 10：00〜11：30.
杉村太蔵，若杉雄純ほか（ゲスト）「一人暮らしの高齢者を孤立から守る？」「問題山積み！高齢化が加速する日本」『ビートたけしのTVタックル』テレビ朝日, 2023.7.16. 12：00〜12：55.
大空幸星（SPキャスター）「８歳娘食事抜き入院 匿名通報も市対応は？」『めざまし８』フジテレビ, 2023.7.20. 8：00〜 9：50.
平井卓也，庄司昌彦，加谷珪一（ゲスト）堤伸輔（解説）「問題続出マイナンバー，原因は人為ミスだけ？医療現場の抱く懸念は▽番号だけでカード不要…デジタル化進む韓国は」『報道1930』BS-TBS, 2023.7.20. 19：30〜20：54.
嵩原安三郎（パネラー）「緊急ゲキ追Ｘ！神戸６歳児遺体遺棄事件…悲劇防ぐために検証①有効な「リアルタイム全件共有」とは②児童相談所は本当に事前に保護できなかったのか」『かんさい情報ネット ten.』読売テレビ, 2023.7.21. 16：50〜17：53.
町山智浩「ナバホ族の聖地モニュメント・バレーとハリウッド」『町山智浩のアメリカの今を知るＴＶIn Association With CNN』BS朝日, 2023.7.27. 22：30〜22：54.
市川沙央，宇野和博ほか「芥川賞作家と考える『愛と憎しみの読書バリアフリー』」『バリバラ』NHK Eテレ, 2023.7.28. 22：30〜23：00.

町山智浩「アメリカ国内の独立国ナバホ・ネイションの現実」『町山智浩のアメリカの今を知るTV?In Association With CNN』BS朝日, 2023.8.3.22：30～22：54.

橋本五郎（コメンテーター）「処理水めぐる中国の思惑」『ウェークアップ』読売テレビ, 2023.7.29. 8：00～9：25.

大野裕之, ロバート・ゲラー, 岩田明子, 門田隆将, 竹中平蔵, 立川志らく, 竹田恒泰, 山口真由（パネリスト）「百年の関係性 巨大地震の可能性は!? 大激論！ポリコレ問題 異常気象最大の懸念は」「そこまで言って委員会vs ChatGPT 絶対に負けられない戦いがそこにある」『そこまで言って委員会NP』読売テレビ, 2023.7.30. 13：30～15：00.

中野信子, 古舘恒介, 斎藤幸平, 橋本淳司（専門家）「人類永遠の課題・環境問題を『エネルギー』と『水』から考える！」『長嶋一茂のミライアカデミア～これからを生き抜くための特別授業～』BS朝日, 2023.7.30. 21：00～23：00.

橋下徹, 東国原英夫, ほんこん, 山之内すず（コメンテーター）, 石井亮次（MC）「2023年上半期を賑わせた芸能ニュース」「岸田内閣の通信簿！？上半期のトンデモ事件の『闇』に迫る.」『LIVEコネクト！』関西テレビ, 2023.8.5.11：20～11：50. 0：00～1：00.

マルクス・ガブリエル『欲望の時代の哲学 2023夏 マルクス・ガブリエル ニッポンへの問い』NHK BS 1, 2023.8.6.21：50～22：40.

横田理央, 小島熙之, 佐々木翔太「米IT大手に対抗する日本人科学者！“国産AI”を目指す舞台裏に密着！」ブランドン・ツェン「開発進むAI兵器…人類の脅威に!?」「AIは天使か悪魔か」『ガイアの夜明け』テレビ東京, 2023.8.11. 22：00～22：54.

辛坊治郎, 杉村太蔵, ヤナギブソン, 岡田紗佳ほか「辛坊が万博問題を斬る」『今田のネタバレMTG』読売テレビ, 2023.8.12. 1155～12：53.

井沢元彦, 竹田恒泰, 岡部芳彦, 村田晃嗣, 宮家邦彦, 舛添要一, 丸田佳奈, 山口真由（パネリスト）「第二次世界大戦 知られざる指導者たちの実像」『そこまで言って委員会NP』読売テレビ, 2023.8.13. 13：30～15：00.

池上彰, 増田ユリヤ（解説）「露が子ども連れ去り?」『大下容子ワイド！スクランブル』テレビ朝日, 2023.8.14. 12：00～13：00.

町山智浩「米国最大のネイティブ・アメリカン居留地“ナバホ・ネイション”の旅・完結篇」『町山智浩のアメリカの今を知るＴＶ?In Association With CNN』BS朝日, 2023.8.17. 22：30～22：54.

古市憲寿, 岩田温, 舛添要一, 森本敏, 石山アンジュ, 菅野志桜里, 下重曉子, 中村涼香, 田原総一朗（MC）「激論！令和５年“夏”終戦記念日と今の私」『朝まで生テレビ』テレビ朝日, 2023.8.19. １：25～４：25.

橋下徹（コメンテーター）小野寺五典, 宮家邦彦, 柯隆, 原田浩二（ゲスト）「東アジア情勢！日米韓３首脳の新戦略…中露北にどう対峙していくか？▽中国経済に暗雲…影響は？“専業こども”の実態とは▽住民, 自治体の動揺PFAS問題の今」『日曜報道THE PRIME』フジテレビ, 2023.8.20. ７：30～８：55.

池田清彦, 中野信子, 坪田信貴ほか（評論家）「運とは何か？科学的に運気を上げる21のルール大公開」『ホンマでっか！？ TV』フジテレビ, 2023.8.23. 21：00～21：54.

『Dig More Japan 日本食おいしさへのこだわり』NHK BS１, 2023.8.25. ０：10～０：20.

橋下徹, 杉村太蔵, 若新雄純, 島崎和歌子ほか（ゲスト）「〈特別企画〉日本の景気を上げるには？大提言SP」『今田耕司のネタバレMTG』読売テレビ, 2023.8.26. 11：55～12：53.

加谷珪一（解説）「中国で不動産バブル崩壊か？日本への影響は？バブル崩壊後の日本と類似」『中居正広のキャスターな会』テレビ朝日, 2023.8.26. 12：00～13：26.

野村修也ほか（ゲスト）「処理水放出始まる」『サンデーLIVE!!』テレビ朝日, 2023.8.27. ５：50～８：30.

河野太郎（ゲスト）橋下徹「マイナンバーカードの今後」『日曜報道 THE PRIME』フジテレビ, 2023.8.27. ７：30～８：25.

市川沙央「〝怒りの作家〟の生き方」『Mr.サンデー』フジテレビ, 2023.8.27. 22：00～23：15.

古舘伊知郎ほか「ジャニー氏〝性加害〟事実を認定 社長辞任提言に今後は」『ゴゴスマ～GOGO!Smile!』毎日放送, 2023.8.30. 13：55～15：40.

鈴木哲夫ほか（コメンテーター）「『子どもの命を守る』児相の体制にも課題

が…」『news ランナー』関西テレビ, 2023.8.30. 16：45〜17：48.
若杉雄純ほか（コメンテーター）「女子高生が街づくり…鯖江市JK課の10年」『大下容子ワイド！スクランブル』テレビ朝日, 2023.8.31. 10：25〜13：00.
高橋洋一「中国の禁輸措置に対して簡単な方法で日本は救える（日本産『水産物』は日本人が買え！）」東野幸治（MC）『正義のミカタ』ABCテレビ, 2023.9. 2 . 9 ：30〜11：00.
高岡達之，杉村太蔵，小籔一豊，山之内すずほか「ジャニー性加害問題 今後について」「原発処理水で中国猛反発 日本が取るべき対応は？」『今田のネタバレMTG』読売テレビ, 2023.9. 2 . 1155〜12：53.
西川貴教『西川貴教のバーチャル知事』びわ湖放送, 2023.9. 8 〜，金曜13：00〜14：00.
「ヨーロッパ観光地 オーバーツーリズムの現状」『国際報道2023』NHK BS 1 , 2023.9. 8 . 22：00〜22：40.
Russia: Indoctrination of a Nation, CAPA PRESS, 2023.（「ロシア 洗脳される国民」『BS世界のドキュメンタリー』NHK BS 1 , 2023.9.11. 23：20〜 0 ：10.）
山中伸弥，斎藤通紀，古関明彦，谷口秀樹，武部貴則ほか「山中伸弥スペシャル iPS細胞と私たち」（再）『ヒューマニエンス』NHK BSプレミアム, 2023.9.12. 15：04〜16：33.
中室牧子ほか（コメンテーター）「苦境続く地方の路線バス 赤字，人手不足…対策は」『大下容子ワイド！スクランブル』テレビ朝日, 2023.9.14. 10：25〜13：00.
「現代アート　高騰のワケとは？」『漫画家イエナガの複雑社会を超定義』NHK総合, 2023.9.15. 23：15〜23：30.
春名幹男，石井暁，落合浩太郎（ゲスト）黒井文太郎（VTR）「『別班』の真実に迫る，他にも秘密情報組織か，日本の諜報活動の実態」『報道1930』BS-TBS, 2023.9.19. 19：30〜20：54.
橋本五郎（ゲスト）「ジャニーズ新会社案，『新しい所は新しい人でやらなければ』」『情報ライブ ミヤネ屋』読売テレビ, 2023.9.22. 13：55〜15：50.

上沼恵美子（MC）「ジャニーズ事務所が社名変更で新会社設立！？」『上沼・高田のクギズケ！』読売テレビ, 2023.9.24. 11：40〜12：35.
藤井聡ほか（コメンテーター）「京都のオーバーツーリズム解消へ カギは分散」『ニュースランナー』関西テレビ, 2023.10. 6 . 16：45〜17：48.
「大谷選手〝リスペクト〟のチェコ代表 仕事と野球〝二刀流〟で挑戦」『国際報道2023』NHK BS 1 , 2023.10. 6 . 22：00〜22：40.
「性被害拡大と東山社長の存在」「問われる企業ガバナンス」「性加害問題 企業の利益追求で…」「検証 ジャニーズとTBSの関係」「報道特集』TBS, 2023.10. 7 . 17：30〜18：50.
竹田恒泰，本村健太郎，井上和彦，山口真由，門田隆将，出口保行，大野裕之，古舘伊知郎（パネリスト）「『別班』の真実とは？」ほか『そこまで言って委員会NP』読売テレビ, 2023.10.15. 13：00〜15：00.
冨山和彦，首藤若菜，古屋星斗（出演）「超・人手不足時代〜危機を乗り越える」『NHKスペシャル』NHK総合 1 , 2023.10.21. 22：00〜22：50.
ジョセフ・ヒース「異色の哲学者が語る“これからの時代の発想法”」世界サブカルチャー史　スピンオフ『思考のオルタナティブ』NHK Eテレ, 2023.10.31. 22：45〜23：15.
カズレーザー，長谷川ミラ，風間普，トラウデン直美，谷原章介（MC）「〝観光公害〟混雑解消対策の効果は　外国人の迷惑配信続出」『めざまし 8 』フジテレビ, 2023.11. 3 . 8 ：00〜 9 ：50.
秋元康，小川仁志「秋元康が教える勝者の考え方」『ロッチと子羊』NHK Eテレ, 2023.11.23. 20：00〜20：30.
元木昌彦，山本伊吾，宮嶋茂樹，中村竜太郎（ゲスト）カズレーザー（MC）「あのムーブメントの舞台裏▼写真週刊誌編」『X年後の関係者たち』BS-TBS, 2023.11.27. 23：00〜23：54.
「神奈川 横浜市立　川和高等学校」『THE 名門校』BSテレ東, 2023.12. 2 . 10：30〜11：00.
中野雅至，桂南光，紅しょうが，佐野晶哉（Aぇ！ group），佐藤みのり，長谷川まさ子（ゲスト）ハイヒール（MC）「松本人志活動休止にレギュラー＆万博どうなる？同期ハイヒールは何を語るのか」『あさパラS』読売テレビ, 2024.1.13. 9 ：25〜10：30.

「東京 高輪中学校高等学校」『THE 名門校』BSテレ東, 2024.1.13. 10：30～11：00.

上沼恵美子「松本人志 活動休止に思いは」『上沼・高田のクギズケ！』読売テレビ, 2024.1.14. 11：40～12：35.

泉房穂，菅野志桜里，田﨑史郎，藤川みな代，井上信治，中谷一馬，音喜多駿，中川康洋，宮本徹（パネリスト），田原総一朗（MC）「激論！ド～する？！政治改革～カネ・派閥・政治不信～」『朝まで生テレビ』テレビ朝日, 2024.1.27. 1：30～4：25.

中室牧子ほか（コメンテーター）「安倍派が収支報告書 訂正 どうなる？幹部らの処遇」『大下容子ワイド！スクランブル』テレビ朝日, 2024.2.1. 10：25～13：00.

「東京・朋優学院高等学校」『THE 名門校』BSテレ東, 2024.2.3. 10：30～11：00.

浅田彰，先﨑彰容（ゲスト）「浅田彰×先﨑彰容対論 ウクライナ侵攻2年に緊急考察戦争の日常化と日本人」『プライムニュース』BSフジ, 2024.2.22. 20：00～22：00.

竹田恒泰，丸田佳奈，岩田明子，田嶋陽子，山口真由，門田隆将，大空幸星，宮家邦彦，野村修也（パネリスト）「裏金不起訴は適切か!?など，橋下徹vs.泉房穂！四方八方！六法全書第4版スペシャル！」『そこまで言って委員会NP』読売テレビ, 2024.2.25. 14：00～15：30.

イチキップリン, 吉田大悟, 藤本淳史, タイ, 小杉竜一（回答者), 吉田敬（MC）「心配大喜利2024」『ブラマヨ弾話室～ニッポン，どうかしてるぜ！～』BSフジ, 2024.2.25. 22：30～23：00.

「エア・ウォーター 豪雪地対応の垂直（表裏両面・縦横逆転）設置の太陽光パネル」『ワールドビジネスサテライト』テレビ東京, 2024.2.29. 22：00～22：58.

橋下徹，岩田明子，後藤謙次（ゲスト）「説明責任果たされた？ 衆院政倫審を徹底分析」『プライムニュース』BSフジ，2024.3.1. 20：00～22：00.

「テーマパークで日本を元気に！～客を呼ぶプロ集団『刀』の野望～『ガイアの夜明け』テレビ東京, 2024.3.1 22：00～22：54.

パスカル・リッテール（ゲスト）古舘伊知郎（MC）「グランゼコール：フランス エリート養成学校」『ニュー試〔世界の入試で未来が見える！〕』NHK Eテレ, 2024.3. 2 . 21：30〜22：00.

藤田文武，田村憲久，長妻昭（ゲスト）橋下徹「自民党“裏金”問題で政倫審開催の意味あった？実態解明は？“茶番”の声も」『日曜報道 THE PRIME』フジテレビ, 2024.3. 3 . 7 ：30〜 8 ：25.

藤田文武, 野田聖子（ゲスト）「参院『政倫審』開催へ　旧安倍派『還流再開』真相は」『深層NEWS』BS日テレ, 2024.3.14. 18：58〜19：55.

冨山和彦，石破茂（ゲスト）「石破茂×冨山和彦対論“労働力不足”深刻度持続可能社会への提言」『プライムニュース』BSフジ，2024.3.15. 20：00〜22：00.

成田悠輔，中里唯馬（ゲスト）馬形鶴松（ソーラー手すりのオーバル社長：VTR）ほか「“循環”が世界を変える？“輪”“環”の発想に商機あり？『日経スペシャル 小谷真生子の地球大調査』BSテレ東, 2024.3.15. 21：00〜22：24.

「木枯らし紋次郎VS必殺仕掛け人〜時代が求めたアウトローたち」『アナザーストーリー 運命の分岐点』NHK総合テレビ, 2024.3.22. 22：00〜22：45.

藤田文武，山井和則，岩田明子（ゲスト）「裏金問題追及の第二幕　証人喚問＆処分の行方　無党派５割超の世論は」『プライムニュース』BSフジ, 2024.3.25. 20：00〜22：00.

古市憲寿ほか（ゲスト）「政治とカネ問題 選挙になぜお金がかかる」『ワイドナショー』フジテレビ，2024.3.31. 10：：00〜11：15

相川七瀬（ゲスト）「大学卒業で話題！ ３児のママ・相川七瀬の㊙キャンパスライフ」『おしゃれクリップ』2024.3.31. 22：00〜22：30.

栃の心（ゲスト）「ジョージア出身の元大関・栃の心の父母が来日“断髪式”で涙」『YOUは何しに日本へ』テレビ東京, 2024.4. 1 . 18：25〜20：00.

岸政彦，野口晃菜「eKoes 合理的配慮」『ハートネットTV』NHK Eテレ, 2024.4. 9 20：30〜20：30.

山本尚（ゲスト）古舘伊知郎（MC）「アメリカ：シカゴ大学/問われているのは『破壊的イノベーション力』」『ニュー試〔世界の入試で未来が見え

る！〕』NHK E テレ, 2024.4.13. 21：30〜22：00.
高井康行，鈴木馨祐，山井和則（ゲスト）「政治とカネの規制強化　連座制導入と企業献金　与野党座長×元特捜検事」『プライムニュース』BS フジ，2024.4.16. 20：00〜22：00.
原田曜平，谷本慎二，岩田松雄（ゲスト）「日本の新たな病巣か…　退職代行で入社日退社　世代間の溝の埋め方は」『プライムニュース』BS フジ，2024.5. 3 . 20：00〜22：00.
シム・ヒチョル（ゲスト）松丸亮吾，矢吹奈子，ヒコロヒー（解答者）古舘伊知郎（MC)「東亜放送芸術大学：韓国エンタメビジネスを学ぶ大学（１）プロデューサーの素質」『ニュー試〔世界の入試で未来が見える！〕』NHK E テレ, 2024.5. 4 . 21：30〜22：00.
高井康行，谷口将紀，林尚行（ゲスト）「政治とカネをどう縛る　自公間の溝と抜け穴は　後出し自民党の本気度」『プライムニュース』BS フジ，2024.5. 9 . 20：00〜22：00.
ジョセフ・カラム（副学長)，クリスティー・ゴーヴァー（入学審査官)，古舘伊知郎（MC)「スイス：グリオン大学/世界一流ホスピタリティ」『ニュー試〔世界の入試で未来が見える！〕』NHK E テレ, 2024.518. 21：30〜22：00.
結城康博，横山英幸，国光あやの（ゲスト）「介護保険料さらに負担　自治体格差の温床とは　最高額…大阪市の実情」『プライムニュース』BS フジ，2024.5.21. 20：00〜22：00.
デービッド・アトキンソン，矢田稚子（ゲスト）「賃上げキーマンに問う　給料UPの打開策とは　物価高への“秘策”は」『プライムニュース』BS フジ，2024.5.22 20：00〜22：00.
為末大，赤羽根大介，伊与久松凬ほか（解説）今村文男（VTR）岡田准一，ケンドー・コバヤシ（司会)「二足歩行を極める」『明鏡止水　〜武の五輪』NHK 総合 1 ,, 2024.5.22. 23：00〜23：30.
藤田文武，小川淳也（ゲスト）「政治改革の議論，始まる　各党の改正案のポイント」『報道インサイド OUT』BS11, 2024.5.24. 21：00〜21：54.
先﨑彰容，與那覇潤（ゲスト）「“力の時代”で世界は　分断の加速と富の偏在」『プライムニュース』BS フジ，2024.5.29 20：00〜22：00.

藤田文武，玉木雄一郎，山井和則，田崎史郎（ゲスト）「小池都知事の出馬表明は　都知事選＆政治改革　自民VS野党攻め手」『プライムニュース』BSフジ，2024.5.31 20：00〜22：00.

プチ鹿島，細川隆三（ゲスト）鈴木哲夫，中江有里（MC）「鈴木哲夫の永田町ショータイム：スクープ連発！地方紙が暴く永田町」『報道インサイドOUT』BS11, 2024.5.31. 21：00〜21：54.

辻本法子，鳥海高太朗，宮澤エマ（ゲスト）タモリ（MC）「インバウンド最前線〜訪日外国人に学ぶ日本の観光底力〜」『TAMORI STATION タモリステーション』テレビ朝日, 2024.6. 1 . 20：54〜22：24.

橋下徹（コメンテーター）平井卓也，中谷一馬（ゲスト）「被害者続出…SNS著名人なりすまし詐欺に策は？」『日曜報道THE PRIME』フジテレビ, 2024.6. 1 . 7 ：30〜 8 ：55.

「避難地先進国イタリア　健康と心を守る避難所とは」『国際報道2024』NHK BS 1 , 2024.6. 5 . 22：00〜22：40.

八巻健志，鈴木セルヒオ，東島星夜，吉成名高，鈴木湖太郎，山本千尋ほか（ゲスト）岡田准一，ケンドー・コバヤシ（司会）「蹴って蹴って蹴りまくる,」『明鏡止水　〜武の五輪』NHK総合 1 , 2024.6. 5 . 23：00〜23：30.

石破茂，先﨑彰容（ゲスト）「石破茂×先﨑彰容対論　派閥とは何だったのか　政党政治の在り方探る」『プライムニュース』BSフジ，2024.6. 7 . 20：00〜22：00.

堀江貴文，杉村太蔵ほか（ゲスト）箕輪厚介（VTR）「立候補者が乱立の東京都知事選！ホリエモンが考える『ネオ東京改造計画』」爆笑問題（MC）『サンデー・ジャポン』TBS, 2024.6. 9 . 10：00〜11：30.

【参考映画】

河崎実監督『日本以外全部沈没』クロックワークス, 2006.

Night Shyamalan, M., *The Happening*, 20th Century-Fox, 2008.（日本公開：M・ナイト・シャマラン監督『ハプニング』2008.）

――――― *Old*, Universal Pictures, 2021.（日本公開：M・ナイト・シャマラン監督『オールド』2021.）

Leone, D., *Terrifeir*, Epic Pictures Group, 2018.（日本公開：デイミアン・レオーネ監督『テリファー』2023.）

【参考動画】

MARCHOSIAS VAMP『BEST&RARE CLIPS』ビクターエンタテインメント，1994.

『【バラエティ】誰だって波瀾爆笑〜前田益尚〜』YouTubeチャンネル，法政大学社会学部 稲増ゼミPV, 制作：稲増ゼミ36期生（勝又美衣奈，名須川侑征，山上泰生，山内侑）https：//youtu.be/lL 5 rumGG_Tg.

【附論　参考文献】

Alterman, E., *Sound & Fury*：*The Washington Punditcracy & the Collapse of American Politics*, HarperCollins, 1992.

Ἀριστοτέλης Μεταφυσικά.（出隆訳『形而上学』上・下，岩波文庫，1959・1961.）

――――― Ἠθικὰ Νικομάχεια.（高田三郎訳『ニコマコス倫理学』上・下，岩波文庫，1971・1973.）

――――― τέχνη ῥητορική.（戸塚七郎『弁論術』岩波文庫，1992.）

東浩紀『弱いつながり 検索ワードを探す旅』幻冬舎，2014.

―――――『ゲンロン 0 観光客の哲学』株式会社ゲンロン，2017.

Bacon, F., *Of the Advancement and Proficiencie of Leaning*. 1605.（服部英次郎・多田英次訳『学問の進歩』岩波文庫，1974.）

Baudrillard, J., *La société de consummation*. Editions Denoël. 1970.（今村仁司・塚原史　訳『消費社会の神話と構造』紀伊國屋書店，1979.）

――――― *Simulacres Et Simulation*. Editions Galilee, 1981.（竹原あき子訳『シミュラークルとシミュレーション』法政大学出版局. 1984.）

Certeau, M. D., *L'Invention du Quotidien l' Art de Faire*, U. G. E., coll.10／18. 1980.（山田登世子訳『日常的実践のポイエティーク』国文社，1987.）

Coonin, S.E., *Unsettled*：*What Climate Science Tells Us, What It Doesn't, and Why Matters*. BenBella Books, 2021.（三木俊哉訳・杉山大志解説『気候変動の真実 科学は何を語り，何を語っていないか?』日経BP, 2022.）

Crawford, F & Mathews, R., *The Myth of Excellence*：*Why Great Companies Never Try to Be the Best at Everything*, Cap Gemini Ernst & Young U.S. LLC, 2001.（星野佳路監修，長澤あかね・仲田由美子訳『競争優位を実現するファイブ・ウェイ・ポジショニング戦略』イースト・プレス．2013.）

Fish, S., *Is There a Text in This Class? : The Authority of Interpretation Communities*, Harvard University Press, 1980.

Frankl, V.E., *Ein Psychologe erlebt das Konzentrationslager.Österreichische Dokuments zur Zeitgeschichte I* , Wien: Verlag für Jugend und Volk. 1947.（池田香代子訳『夜と霧 新版』みすず書房, 2002.）

札野順「技術者が『幸せ』になるための倫理教育」『平成26年電気学会全国大会』2014.

藤田真文「「読み手」の発見：批判学派における理論展開」『新聞学評論』37，1988.

福田充『リスク・コミュニケーションとメディア：社会調査論的アプローチ』北樹出版, 2010.

————『リスクコミュニケーション：多様化する危機を乗り越える』平凡社新書, 2022.

Galtung, J., *Conflict Transformation by Peaceful Means【the Transcend Method】*, United Nations, 2000.（伊藤武彦編・奥本京子訳『平和的手段による紛争の転換【超越法】』平和文化, 2000.）

Hall, S., *"Encoding/decoding," in Culture, Media, Language*, Hutchinson. 1980.

Hamilton, C., *Silent Invasion*：*China's influence in Australia*, Hardie Grant, 2018.（奥山真司訳，山岡鉄秀監訳『目に見えぬ侵略：中国のオーストラリア支配計画』飛鳥新社, 2020.）

———— *Hidden Hand: Exposing How the Chinese Communist Party Is Reshaping the World*, Hardie Grant, 2020.

花木良『中学数学で磨く数学センス 数と図形に強くなる新しい勉強法』講談社, 2024.

Harvey, D., *The Condition of Postmodernity*：*An Enquiry into the Origins of*

Cultural Change, Oxford Blackwell, 1989.（吉原直樹ほか訳『ポストモダニティの条件』ちくま学芸文庫, 2022.）
橋下徹『情報強者のイロハ：差をつける、情報の集め方＆使い方』徳間書店, 2024.
林智裕『「正しさ」の商人：情報災害を広める風評加害者は誰か』徳間書店, 2022.
Heisenberg, W.K., *Der Teil und das Ganze*, 1969.（山崎和夫訳『部分と全体』みすず書房, 1974.）
平田聡『仲間とかかわる心の進化：チンパンジーの社会的知性』岩波科学ライブラリー, 2013.
Hirsh Jr, E. D., *Validity in Interpretation*, Yale University Press, 1969.
堀川恵子「書評：『人を動かすナラティブ』ひそかに思考操作　裏側」『読売新聞』2023.9. 3 . 10面.
細谷功『アナロジー思考「構造」と「関係性」を見抜く』東洋経済新報, 2011.
今和泉隆行『空想地図帳：架空のまちが描く世界のリアル』学芸出版社, 2023
稲増龍夫「メディア文化環境における新しい消費者」星野克美（編）『記号化社会の消費』ホルト・サウンダース, 1985.
伊藤浩介『ドレミファソラシは虹の七色？知られざる「共感覚」の世界』光文社新書, 2021.
岩井克人『貨幣論』ちくま学芸文庫, 1998.
岩本一善「アメリカ合衆国におけるファクトチェック・ジャーナリズム組織とそのウェブサイトに関する報告」『大和大学研究紀要』第 5 巻, 2019. pp.43–52.
――――「2016年以降のアメリカ合衆国の事例を中心とした『ポスト・トゥルース』的状況に関する概況：情報の平準化とオーセンティシィティの衰退」『大和大学社会学部 研究紀要』第 1 巻, 2022. pp.73–82.
Jantsch, E., *The Self-Organizing Universe*：*Scientific and Human Implications of the Emerging Paradigm of Evolution*, Pergamon Press. 1980.（芹沢高志・内田美恵訳『自己組織化する宇宙：自然・生命・社会の創発的パラ

ダイム』工作舎, 1986.）
Kahneman, D., *Thinking, Fast and Slow,* Penguin, 2012.（村井章子訳『ファスト＆スロ：あなたの意志はどのように決まるか？』上・下, ハヤカワ・ノンフィクション文庫, 2014.）
鎌田浩毅『100年無敵の勉強法：何のために学ぶのか？』筑摩書房, 2021.
神里達博『リスクの正体：不安の時代を生き抜くために』岩波新書, 2020.
上久保誠人『逆説の地政学』晃洋書房, 2018.
金子勇『Winnyの技術』アスキー, 2005.
河合隼雄『箱庭療法入門』誠信書房, 1969.
小林盾「様相・行為・ルール：様相概念による，行為とルールの回帰性の位置付け」『ソシオロゴス』No. 16, pp.35–51. 1992.
小林直樹『「人気No. 1」にダマされないための本』日経BP, 2023.
小泉悠・桒原響子・小宮山功一朗『偽情報戦争：あなたの頭の中で起こる戦い』ウェッジ, 2023.
小宮信夫『見てすぐわかる犯罪地図：なぜ「あの場所」は犯罪を引き寄せるのか』青春出版社, 2015.
近藤滋『波紋と螺旋とフィボナッチ』角川ソフィア文庫, 2019.
Krippendorff, K., *CONTENT ANALYSIS*：*An Introduction to its Methodology*. SAGE Publications, 1981.（三上俊治訳『メッセージ分析の技法：「内容分析」への招待』勁草書房, 1989.）
國吉康夫・佐々木正人編，野中哲士著『具体の知能（新・身体とシステム）』金子書房, 2016.
倉山満「並べて学べば面白過ぎる 世界史と日本史」KADOKAWA, 2018.
Linden, S., *Foolproof*：*Why We Fall for Misinformation and How to Build Immunity,* Fourth Estate, 2023.
前田益尚「マス・コミュニケーション・プロセスにおける『受け手の主体性』の所在」『マス・コミュニケーション研究』第44号，pp.116–127. 1994.
――――『マス・コミュニケーション単純化の論理――テレビを視る時は，直観リテラシーで』晃洋書房，2018.
――――『パンク社会学：ここでしか言えない社会問題の即興解決法』晃洋

書房，2020.
――――『サバイバル原論：病める社会を生き抜く心理学』晃洋書房，2021.
――――『２度のがんにも！不死身の人文学：超病の倫理学から，伴病の宗教学をめぐって』晃洋書房，2023.
――――『起死回生の政治経済学：日本が蘇える！ドラスティックな政策論集（附論：あらゆる「環境」問題とは，人間だけの空想ではないのだろうか）』晃洋書房，2024.
眞邊明人『ビジネス小説 もしも徳川家康が総理大臣になったら』サンマーク出版，2121.
丸山真男『日本の思想』岩波新書，1961.
松尾豊・西山圭太・小林慶一郎『相対化する知性 人工知能が世界の見方をどう変えるのか』日本評論社，2020.
松岡正剛『知の編集術』講談社現代新書，2000.
McFadden, J., *Life Is Simple*：*How Occam's Razor Set Science Free and Shapes the Universe*, Basic Books, 2021.（水谷淳訳『世界はシンプルなほど正しい「オッカムの剃刀」はいかに今日の科学をつくったか』光文社，2023.）
McLuhan, M., *Understanding Media, Extension of Man*, McGraw-Hill, 1964.（栗原祐・河本仲聖訳『メディア論』みすず書房，1987.）
Mill, J.S., *Utilitarianism*. 4 th ed. London：Longman, Green, Reader, and Dyer, 1871.（関口正司訳『功利主義』岩波文庫，2021.）
宮家邦彦『通説・俗説に騙されるな！世界情勢地図を読む』PHP研究所，2023.
Morley, D., *The Nationwide Audience: Structure and Decoding*, British Film Institute. 1980.
村田陽平『空間の男性学：ジェンダー地理学の再構築』京都大学学術出版会，2009.
中島啓勝『ておくれの現代社会論：○○と□□ロジー』ミネルヴァ書房，2024.
中野明『IT全史 情報技術の250年を読む』祥伝社，2017.

中野信子『努力不要論：脳科学が解く！「がんばってるのに報われない」と思ったら読む本』フォレスト出版, 2014.
――――『脳を整える 感情に振り回されない生き方』プレジデント, 2021.
Nakamoto, S., *Bitcoin: A Peer-to-Peer Cash System*, www.bitcoin.co.jp. 2009.
中谷内一也『リスク心理学：危機対応から心の本質を理解する』ちくまプリマー新書, 2021.
新渡戸稲造『[新訳] 一日一言「武士道」を貫いて生きるための366の格言集』PHP研究所, 2016.
NHK「ブラタモリ」制作班『ブラタモリ 7 京都（嵐山・伏見）志摩 伊勢（伊勢神宮・お伊勢参り）』KADOKAWA, 2017.
野口勝三「ポスト構造主義とクィア理論：反形而上学の潮流として」伏見憲明編『Queer Japan』 3, 勁草書房, 2000.
小川哲『地図と拳』集英社, 2022.
大澤正彦『ドラえもんを本気でつくる』PHP新書, 2020.
岡嶋裕史『思考からの逃走』日経BP日本経済新聞社出版本部, 2021.
Papin, D., *Atlas Géopolitique de la Russie*, Les Arènes, 2022.（蔵持不三也訳『ロシア地政学地図』冬風社, 2023.）
Relph, E.C., *Place and placelessness*. Pion, London, 1976.（高野岳彦・石山美也子・阿部隆訳『場所の現象学：没場所性を越えて』ちくま学芸文庫. 1999.）
Roach, M., *The Prodigy: The Official Story - Electronic Punks*（Music Press Books）. John Blake. 2010.
Rose, T., *Collective Illusions: Conformity, Complicity, and the Science of Why We Make Bad Decisions*, Hachette Go, 2022.（門脇弘典訳『なぜ皆が同じ間違いをおかすのか「集団の思い込み」を打ち砕く技術』NHK出版, 2023.）
坂村健『高等学校 情報I』数研出版, 2022.
――――「人間と対話する訓練に」大森不二雄「文章力や思考力に効く」山中司「使い分けが大事なのだ」ほか「『生成AI』で大学は進化する『未来の道具』を使いこなせ」『AERA』2023.7.10. Vol.36 No.31. 朝日新聞出版. pp.10–15.

佐々木俊尚『この国を蝕む「神話」解体 市民目線・テクノロジー否定・テロリストの物語化・反権力』徳間書店, 2023.
佐藤卓己『テレビ的教養：一億総博知化への系譜』NTT出版, 2008.
――――『流言のメディア史』岩波新書, 2019.
佐藤毅「もう一つの『受け手』論：戦略的メディア言説の読みをめざして」『新聞学評論』37, 1988, p.113.
――――『マスコミの受容理論：言説の異化媒介的変換』法政大学出版局, 1990,
澤田純『パラコンシステント・ワールド：次世代通信IOWNと描く，生命とITの〈あいだ〉』NTT出版, 2021.
沢渡あまね・元山文菜『業務改善の問題地図～「で，どこから変える？」～進まない，続かない，だれトク改善ごっこ』技術評論社, 2020.
瀬川聡『大人の教養 面白いほどわかる地理』KADOKAWA, 2023.
瀬戸口明久『災害の環境史』ナカニシヤ出版, 2023.
デイビッド・セイン『地図でスッと頭に入るアメリカ50州』昭文社, 2020.
孫武・金谷治訳『新訂 孫子』岩波文庫, 2000.
杉浦直『「場所づくり」の地理思想　アメリカ西海岸の事例から』学術研究出版, 2023.
杉山大志『「脱炭素」は嘘だらけ』産経新聞出版, 2021.
――――『亡国のエコ：今すぐやめよう太陽光パネル』ワニブックス, 2023.
ジェームズ・スキナー『AIが書いたAIについての本』フローラル出版, 2023.
平和博『チャットGPTvs.人類』文春新書, 2023.
高橋洋一『世界の「今」を読み解く！【図解】新・地政学入門』あさ出版, 2022.
高松康平『筋の良い仮説を生む問題解決の「地図」と「武器」』朝日新聞出版, 2020.
竹田青嗣『はじめての現象学』海鳥社, 1993.
竹村健一『メディアの軽業師たち：マクルーハンで読み解く現代社会』ビジネス社, 2002.
鳥海不二夫・山本龍彦『デジタル空間とどう向き合うか　情報的健康の実現

をめざして』日経BP 日本経済新聞出版, 2022.
田中伯知『コミュニケーションと情報』芦書房, 1996.
東洋経済新報社編『「会社四季報」業界地図　2024年版』東洋経済新報社, 2023.
内田和成『仮説思考 BCG流 問題発見・解決の発想法』東洋経済新報社, 2006.
上杉和央・香川雄一・近藤章夫編『みわたす・つなげる　人文地理学』古今書院, 2021.
宇野仙・西岡壱誠『なぜブルーベリー農家は東京に多いのか？:「ドラゴン桜」式クイズで学ぶ東大思考』星海社新書, 2023.
渡辺浩『日本思想史と現在』筑摩書房, 2024.
渡邊信彦『Apple Vision Proが拓くミライの視界　スマホがなくなる日』幻冬舎, 2024.
矢萩邦彦『自分で考える力を鍛える 正解のない教室』朝日新聞出版, 2023.
山口拓朗『９割捨てて10倍伝わる「要約力」』日本実業出版社, 2020.
山本七平『「空気」の研究』文春文庫, 1983.
山﨑圭一『一度読んだら絶対に忘れない地理の教科書 公立高校教師YouTuberが書いた』SBクリエイティブ, 2023.
吉川孝志『マルウエアの教科書 増補改訂版』日経BP, 2023.

【附論　参考番組】（視聴順）

松尾豊，佐藤一郎（ゲスト）「最先端AI『生成AI』活用法．何ができる！正確性や課題は？」『深層NEWS』BS日テレ, 2023.3. 1 . 22：00～23：00.
アンソニー・オーマン，近藤洋平ほか（VTR），松尾豊「異次元のAI・ChatGTP▽小説や作曲まで！その力に迫る」『クローズアップ現代』NHK総合, 2023.4.11. 19：30～19：57.
坂村健（ゲスト）「利用広がる対話式AI どう活用?リスクは?」『サタデーウォッチ９』NHK総合，2023.4.15. 20：55～22：00.
柴田晋介，高橋淑子，伊藤浩介，平田聡ほか（出演）「“神経” 謎だらけのネットワーク」『ヒューマニエンス 40億年のネットワーク』NHK BSプレミアム, 2023.4.25. 22：00～22：59.

平井卓也，玉木雄一郎（ゲスト）橋下徹「『生成AI』は活用すべきか規制すべきか？揺れる教育現場，対応割れる役所の実情は？意外にも？日本版AIに光明…その強みとは」『日曜報道?THE PRIME』フジテレビ，2023.4.30. 7：30～8：25.
ジェームズ・スキナー（ゲスト）竹田恒泰，豊田真由子，石川和男，RaMu，岡部芳彦，大野裕之，竹中平蔵，古舘伊知郎（パネリスト）「そこまで言って委員会vs ChatGPT 絶対に負けられない戦いがそこにある」『そこまで言って委員会NP』読売テレビ, 023.5.14. 13：30～15：00.
畑山博史, 足立基浩, 林久美子, 藤本淳史, デビッド・ホセイン（文化人）「110番・119番の不適正利用」『ブラマヨ弾話室～ニッポン, どうかしてるぜ！～』BSフジ, 2023.5.14. 22：30～23：00.
松尾豊（ゲスト）「“ChatGTP” 徹底解剖！ AIと歩む未来を探る」『サイエンスZERO』NHK Eテレ, 2023.6.11. 23：30～0：00.
有働由美子, 落合陽一（コメンテーター）「生成AI 教育現場で必要なものは」『news zero』日本テレビ, 2023.7.5. 23：00～23：59.
坂上雅道, 近藤滋, 松木武彦, 西野雅人ほか（解説）稲垣えみ子「“整理整頓” それはヒトの本能なのか」『ヒューマニエンス』NHK BSプレミアム，2023.8.8. 22：00～23：00.
孫正義「マイクロソフトの新戦略は」横田理央，小島熙之，佐々木翔太「米IT大手に対抗する日本人科学者！ “国産AI” を目指す舞台裏に密着！」ブランドン・ツェン「開発進むAI兵器…人類の脅威に!?」「AIは天使か悪魔か」『ガイアの夜明け』テレビ東京, 2023.8.11. 22：00～22：54.
『“現実”（リアル）は，こうして作られる～脳科学の最先端をゆく』NHK BS 1, 2023.8.17. 22：00～22：50.
安野貴博，池田清彦，石原行雄，植木理恵，牛窪恵，佐々木成三，田村忠嗣，堀井亜生（評論家）「身近に潜む最新犯罪！これは騙される…AIでさんまの声を完全再現？ほか」『ホンマでっか！？ TV』フジテレビ，2023.9.13. 21：00～21：54.
「五感のかけ算！？“クロスモーダル現象”」『サイエンスZERO』NHK Eテレ，2023.10.8. 23：00～23：00.

「謎の天才『サトシ・ナカモト』」『市民X』NHK総合, 2023.11.13. 22：00～22：45.
松尾豊，國吉康夫，池内与志穂，アレハンドロ・エスコントレラ，ブレッド・ケイガンほか「AI 究極の知能への挑戦」『フロンティア』NHK BS, 2023.12.13. 21：00～22：00.
梶本修身，池田清彦，植木理恵，門倉貴史ほか（評論家）「失敗しないお酒の飲み方SP」『ホンマでっか！？ TV』フジテレビ, 2024.3.13. 21：00～21：54.
「その広告 本物ですか？有名人を悪用 ネットで横行」『サタデーウォッチ９』NHK総合, 2024.4. 6 . 21：00～22：00.
林修（MC）バカリズム，伊集院光，伊沢拓司ほか（ゲスト）「あなたも騙されるかも！？巧妙すぎる最新詐欺の手口とその対策法！」『林修の今知りたいでしょ！』テレビ朝日, 2024.5.23. 20：00～20：54.
小林史明, 三上洋（ゲスト）「投資詐欺急増と対策　巨大IT企業に日本は」『プライムニュース』BSフジ，2024.5.28. 20：00～22：00.
橋下徹（コメンテーター）平井卓也，中谷一馬（ゲスト）「被害者続出…SNS著名人なりすまし詐欺に策は？」『日曜報道THE PRIME』フジテレビ, 2024.6. 1 . 7 ：30～ 8 ：55.
千正康裕，待鳥聡史（ゲスト），松尾豊「悲鳴をあげる“官僚”たち 日本の中枢で今なにが？」『クローズアップ現代』NHK総合, 2024.6.11. 19：30～19：57.

【附論　参考映画・映像】

The Prodigy., *Invaders Must Die*, Take Me to Hospital. 2009.（日本版DVD：ビクターエンタテインメント, 2009.）
——— *LIVE Worlds on Fire*, Take Me to Hospital. 2010.（日本版DVD：ビクターエンタテインメント, 2010.）
Night Shyamalan, M., *The Visit*, Universal Pictures, 2015.（日本公開：M・ナイト・シャマラン監督『ヴィジット』2015.）